Die soziale Dreigliederung

Zeitgemässe Impulse zur Gesundung unserer gesellschaftlichen und sozialen Schieflagen

Herausgeber: Perceval-Institut für Kosmologie und christliche Hermetik

Die Vervielfältigung dieses Werkes – auch auszugsweise – ist nur mit der schriftlichen Genehmigung des Herausgebers gestattet. Alle Rechte sind dem Verfasser vorbehalten.

Copyright: Franz Weber 2017

Herstellung und Verlag:
BoD – Books on Demand, Norderstedt
ISBN: 9783746078915

Für Rudolf Steiner

Inhaltsverzeichnis

Vorwort

Um es gleich vorneweg zu sagen: ich bin kein „Fachmann" für die soziale Dreigliederung. Weder ist die Politik, noch die Wirtschaft mein Tätigkeitsfeld, so dass es, wenn es um Detailfragen geht, einer vertiefenden Betrachtung bedarf. Im Literaturverzeichnis sind dazu weiterführende Schriften angeführt. Auch bitte ich den Leser, der noch nichts gehört hat von der sozialen Dreigliederung, um etwas Geduld, da ich mich der Einsicht und der Idee dieser „neuen" Gesellschafts-Ordnung erst langsam annähern werde, damit ein grundlegendes Verständnis dafür erwachsen kann. Es soll ja hier nicht etwas übergestülpt werden, das man nicht einsehen kann.

Ich bin Künstler, Therapeut und Kosmologe, der sich mit den Ordnungssystemen beschäftigt, die im Erdgeschehen, im Zwischenmenschlichen und Sozialen, wie auch im weiten Sternen-Kosmos zu finden sind.

Mein Anliegen ist es hier, eine Denkweise aufzuzeigen, die lebendige Systeme begreifen und erklären kann. Daraus erwächst erst ein Verständnis für organische Zusammenhänge. So war es nie meine Absicht, nur die Gedanken Rudolf Steiners, der die soziale Dreigliederung vor 100 Jahren herausgefunden und entwickelt hat, wiederzugeben. Denn arg viel habe ich von ihm gar nicht gelesen beziehungsweise studiert. So sind im Literaturverzeichnis auch nur wenige weiterführende Schriften von ihm angeführt.

Auch bin ich keine „Anthroposoph", kein Mitglied oder Mitarbeiter in anthroposophischen Zusammenhängen, obwohl die Anthroposophie schon ein gewisses Fundament in meinem geistigen Leben ausmacht – neben anderen Gebieten wie der Astrologie, der Psychologie, der Naturheilkunde und der Hermetik.

Die Anthroposophie und damit auch die soziale Dreigliederung ist meines Erachtens aber viel zu wichtig, um sie nur den „Anthroposophen" zu überlassen. Sie muss in die Welt kommen, denn die Zeitlage schreit geradezu förmlich nach Veränderung, nach Gesundung und Heilung der festgefahrenen gesellschaftlichen Strukturen, obwohl sich viele Bürger, oft aus persönlichen Gründen, nur ein immer „Weiterso" wünschen würden. Aber dazu lässt uns die Zeitlage nicht mehr viel Spielraum. Allein die ökologischen und klimatischen Bedrängnisse mahnen zur baldigen Umkehr. Das System aus Profitgier, Egoismus und Wachstumszwang hat abgewirtschaftet, wenn auch der Drang „nach noch mehr" bei vielen weiter wütet.

So ist es dringlich, nach Alternativen Ausschau zu halten, die es an vielen Orten im „Kleinen" auch schon gibt. Und eine Alternative ist eben die sogenannte soziale Dreigliederung, die vor genau 100 Jahren in Mittel-Europa ihren ersten Impuls begann. Doch wenig ist davon übrig geblieben, aber ihre Zeit wird noch kommen, davon bin ich überzeugt. Und so widme ich diese Schrift dem Begründer der sozialen Dreigliederung, in der Hoffnung, ihr einen erneuernden Impuls für die heutige Zeit geben zu können. Schließlich wünsche und vor allem erhoffe ich mir, mit dieser hier vorliegenden Schrift einen geh- und verstehbaren Weg darstellen zu können, der eine Abhilfe und Erneuerung unserer gesellschaftlichen Belange anbieten kann.

Franz Weber, Michaels-Zeit 2017

Einleitung

Motto:

„Nicht gut ist es, dass sich alles erfüllt, was du wünschest:
Durch Krankheit erkennst du den Wert der Gesundheit,
am Bösen den Wert des Guten,
durch Hunger die Sättigung,
in der Anstrengung den Wert der Ruhe.“

Heraklit

An den vielen gesellschaftlichen und sozialen Schieflagen – daran zweifelt wohl heute niemand mehr. Und vielleicht brauchen wir diese Schieflagen, um uns Gedanken zu machen, wie wir unser Leben zukünftig besser gestalten können.

Allein das Arm-Reich Gefälle, das immer größere Ausmaße annimmt, zeigt, dass im sozialen Zusammenleben der Menschen der Egoismus der „Stärkeren, Klügeren und Mächtigeren“ vieles zunichte macht, was einen fairen und „brüderlichen“ Zusammenhalt fördern könnte. Denn wo irgendwo zu viel Geld und Reichtum vorhanden ist, entsteht woanders ein Mangel, das ist ein geistiges Gesetz. Auch die gesellschaftliche Schieflage, die durch einen wirtschaftlichen Wachstumszwang und Konkurrenzdruck immer bedrohlichere Ausmaße annimmt und demzufolge in eine „Sackgasse“ führt, einfach deshalb, weil unsere Erde, weil Rohstoffe und Ackerflächen begrenzt sind. So wird die Erde unserem kapitalistischen Wirtschafts- und Konsum-Gebaren Grenzen setzen. Dies wird zum Beispiel im bevorstehenden Klimakollaps beziehungsweise im sich ereignenden Klimawandel, im Artensterben und der Verödung vieler Ackerflächen sichtbar.

Ob wir am Ende der „Sackgasse" gegen eine Mauer prallen oder vielleicht vorher noch bremsen und umkehren können, wird sich in naher Zukunft entscheiden. Das heißt, wir werden die Früchte unseres Tuns und Unterlassens ernten, das mahnen die Zeichen der Zeit.

Somit kann hier recht leicht eingesehen werden, dass ein Umdenken und ein Bewusstseinswandel sich vor allem auf dem Gebiet des Sozialen und des Ökologischen ereignen soll. Jedoch sind die politischen Vertreter des Öfteren leider noch zu stark den Finanz- und Wirtschafts-Mächten „untertan" beziehungsweise mit diesen viel zu eng verflochten, um die notwendigen Maßnahmen für eine gesunde Erde genügend forcieren zu wollen. Vieles wird so verdrängt und aufgeschoben, bis ... das „Übel" vor der eigenen Haustüre steht – leider. Man bekommt aber auch die Regierung, die die gesellschaftliche Mehrheit und damit das allgemeine Bewusstsein spiegelt.

Letztlich beinhaltet beziehungsweise benötigt ein gesellschaftlicher Wandel ein neues Denken, neue Ideen und ist damit eine Bewusstseinsfrage. Dieses Bewusstsein kann aber nicht verordnet werden, wie auch das Soziale nicht. Es muss sich in jedem Menschen selbst ausbilden können, denn in jedem Menschen leben individuelle Freiheitsimpulse sowie soziale und antisoziale Seelenkräfte.

Nur die Rahmenbedingungen können so gestaltet werden, dass sich das Soziale oder das Antsoziale besser oder schlechter ausbilden lässt. Im kapitalistschen Wirtschaftssystem werden eher die egoistischen, antisozialen Kräfte gefördert, im Sozialismus eher die gemeinschaftsbildenden Kräfte, die in der menschlichen Seele ihre Wurzel haben. Das will hier aber nicht heißen, dass der Sozialismus das seligmachende Gesellschaftssystem werden soll, denn wir brauchen eben auch die Kräfte einer freien, sich selbst bestimmenden und schöpferisch sich ausdrückenden Persönlichkeit, die auf sich selbst setzen und bauen kann. Sie bildet die Grundlage für ein freies Unternehmertum, das dem Kapitalismus seine Stärke verleiht.

Wie nun diese Gegensätze von Ich und Gemeinschaft beziehungsweise von Kapitalismus und Sozialismus in gesunder Weise in einem gesellschaftlichen System, in einem sozialen Organismus miteinander in Einklang gebracht werden können, soll der weitere Inhalt der folgenden Abhandlungen sein.

Dies kann hier aber nur im Rahmen einer Einführung in die sogenannte soziale Dreigliederung geschehen. Diese Dreigliederung bedingt zunächst ein neues Denken, ohne das sie nur wieder aufgestülpt wäre. So sollen im Folgenden gewisse Gedankengänge dargestellt werden, die ein grundlgendes Verständnis der sozialen Dreigliederung herbeiführen können. Im Literaturverzeichnis werden dann vertiefende und weiterführende Schriften angeführt, die ein detailierteres Erarbeiten möglich machen.

Von der Idee zum Ideal

Das Denken, die Ideen und die Einstellungen aus der Vergangenheit bestimmen weitgehend unser heutiges Leben. Folglich können die Ideen und Gedanken, die wir heute kreieren, unsere Zukunft mitbestimmen.

Das naturwissenschaftliche, abstrakte und mechanische Denken, sei es in der Beziehung zur Erde oder zur Mitwelt, bewirkt in vielen Bereichen die Zustände, die wir heute vorfinden, was zum Beispiel die ökologische und soziale Schieflage betrifft. Für eine gesunde Zukunft brauchen wir daher ein neues Denken und damit neue Ideen, die nicht mehr mechanisch, abstrakt oder ideologisch abgehoben gebildet werden, sondern die sich am Lebendigen ausrichten können. Wie das in Ansätzen geschehen kann, will ich im Folgenden aufzeigen.

Am Beispiel der Europäischen Union kann dies als ein aktuelles Szenarium veranschaulicht werden. Die Idee eines Vereinten Europa ist aus den Folgen des Zweiten Weltkrieges und der Sehnsucht nach Frieden unter den Völkern entstanden. „Wir bauen ein Haus Europa" war die Gründer-Idee.

Sicher, man kann Häuser und Institutionen aufbauen, doch ein Ideal, zum Beispiel das des Friedens, kann man nicht bauen. Ideale beziehungsweise auch das Soziale, das was zwischen den Menschen und Völkern leben soll, das muss wachsen können. So wird es förderlich sein, die Wachstumsgesetze, also die Gesetze des Lebendigen, wie sie zum Beispiel im Pflanzenreich erscheinen, kennen zu lernen.

Gedanken, Glaubenshaltungen, Einstellungen und Ideen sind wie Samen, wenn man sie beharrlich immer wieder denkt. Sie müssen in einen „guten Boden" ausgesät werden, wenn sie reiche Früchte bringen sollen. So dürfen und können in entsprechender Weise soziale Ideen auch nicht nur von „Oben" delegiert werden. In der Natur ist es sogar so, dass ein Same erst sterben muss, damit daraus ein Keimling entspringt. So sollte dies auch mit unserem Gedankenleben geschehen, wenn dieses im Sozialen und Gesellschaftlichen fruchtbar werden soll.

Neulich hatte der EU-Kommisionspräsident vorgeschlagen, die EU beziehungsweise auch den Euro noch einmal um und in weitere Staaten zu erweitern. Er will demzufolge ein noch größeres Europa bauen und dies als eine neue Zukunftsvision. Doch wenn die unteren Stockwerke eines Hauses schon bröckeln, sollte man nicht noch weitere Stockwerke draufsetzen, sonst stürzt das ganze Haus ein.

Ideale, wie ein Zusammengehörigkeitsgefühl oder eine Solidarität, sie müssen wachsen können und gepflegt werden. Ideen, die nur im Kopf gebildet werden, reichen dafür nicht aus. Sie sind die Samen, die sterben müssen, wenn sie fruchtbar werden sollen.

Der Kopf ist ja das Zentrum, von wo aus Gedanken und Ideen in die Welt ausstrahlen. Sie durchdringen und durchleuchten die Welt und werden von dieser aufgenommen, abgestoßen oder korrigiert. Ideen, die nur im Kopf verbleiben, quasi im stillen Kämmerlein, werden meist nicht erdentauglich. Sie müssen im Außen, in der Welt einen „Boden" finden, wo sie sich fortpflanzen können.

Dringen Ideen, egal welcher Art, in die Welt, so kann dies zunächst auf zweierlei Weise geschehen. Sie können eher kalt, undurchschaubar und unauffällig die „breite Masse" durchdringen und sich dort an niedere Beweggründe wie die Gier nach Geld und persönlichen Vorteilen heften, so wie dies im sogenannten Neoliberalismus zu beobachten ist. Die Idee: Der Markt wird es schon richten, ist dabei zum Dogma geworden, obwohl es dafür keine überzeugende und sachgemäße beziehungsweise wissenschaftliche Begründungen gibt.

Andererseits können Ideen „heiß" wirken, sie können aufpeitschen und die Massen fanatisch mitreissen, wie im Nationalsozialismus und im Bolschewismus und teilweise auch im Islamismus und Populismus.

Ideen können somit zu Dogmen und Ideologien ausarten und damit vereinahmend wirken. Diese sind längerfristig gesehen aber zum Scheitern verurteilt, da sie nicht wirklich praxistauglich, also ohne eine Anbindung an die kosmisch-geistigen Gesetze beziehungsweise an moralische, soziale, lebensnahe und damit am Menschlichen orientierte Gesetze hervorgebracht wurden.

Folglich genügt es noch nicht, nur Ideen zu haben. Von Rudolf Steiner wurde dazu der sehr nachdenkenswerte Satz aufgestellt:

„Man muss sich den Ideen erlebend gegenüberstellen, sonst gerät man in ihre Knechtschaft".

Darüber kann man lange nachdenken und meditieren. Eine Idee in sich erleben, wie wirkt sie auf mich, was macht sie mit mir, zum Beispiel mit meinem Wahrheits- und Freiheits-Empfinden? Das, was im Kopf gebildet oder aufgenommen wurde, stimmt es mit dem übrigen und da vor allem mit dem Herzen überein? Kann aus der Idee ein Ideal werden, das den ganzen Menschen, nicht nur den Kopf oder den Bauch, also die niederen Beweggründe durchdringt?

Rudolf Steiner bringt diesen Sachverhalt wieder sehr

drastisch in dem folgenden Satz zum Ausdruck:
„Jede Idee, die dir nicht zum Ideal wird, ertötet in dir Kräfte; jede Idee, die dir zum Ideal wird, erschafft in dir Lebenskräfte“.

Von der Idee zum Ideal beziehungsweise vom Kopf zum Herzen – da darf die Idee hineinsterben. Der Kopf beleuchtet, durchdringt und analysiert, das Zentrum bleibt im Kopf. Das Herz fließt aus und verbindet sich mit der Welt. Zentrum und Umkreis verbinden sich, während der Kopf außen vor bleibt. Das Herz lebt sich ein in die Außenwelt, es dringt ein und wird eins mit ihr.

In der Verbindung mit der Welt entsteht jedoch das Soziale. Das Antisoziale trennt sich ab von allem, was ich nicht selbst bin. Wirkliche Ideale entstehen nur in und über die Gemeinschaft, also im Sozialen. Der Friede, die Solidarität, die Gleichberechtigung, die Freiheit und so weiter, sie haben erst einen Sinn im Zusammenleben mit Anderen.

Im Ideal kann folglich eine Idee so erweitert werden, damit diese gemeinschafts- und damit erdentauglich werden kann. Die Idee eines vereinten Europas kann gedacht, konstruiert und gebaut werden. Die Ideale, die in einem vereinten Europa gelebt sein wollen, sie müssen wachsen können und sie müssen gepflegt werden. Das braucht seine Zeit.

Ein Zusammengehörigkeitsgefühl kann man nicht erzwingen und auch nicht konstruieren. Allein das wirtschaftliche und politische Interesse einzelner Länder beziehungsweise dieVorteile daraus, schaffen noch keine Einheit. Letztlich ist es ja eine kulturelle und soziale Frage, welche Werte beziehungsweise welche Ideale in einem vereinten Europa leben, wachsen und gedeihen sollen.

Wie können demzufolge Ideen gefunden werden und im Miteinander zu lebendigen Idealen heranreifen, mit denen wir uns nicht nur im Kopf oder im Bauch, sondern vor allem auch im Herzen verbinden wollen?

Ideen, die sich aus den realen, zwischenmenschlichen, kulturellen und ökonomischen Bedürfnissen der Menschen ergeben, müssen nicht realitätsfremd sein. Sie können schließlich nur in einem Einklang mit den kosmischen und natürlichen Gegebenheiten gefunden werden, die der Mensch in sich und auf der Erde vorfindet. Nur ehrlich muss er sich selbst und den Mitmenschen gegenüber sein. Das moralische Gesetz, das Gewissen im Menschen weiß, was für ihn und für das Ganze gut und dann auch wahr ist. Daraus lassen sich sich Ideen finden, die im Herzen eine Resonanz erzeugen. Und dies macht letztlich Sinn.

Wenn Kopf und Herz, wenn Idee und Ieal zusammenkommen, dann bedarf es nur noch einer Handlungsweise, die diese umsetzen, die also Vereinbarungen und Gesetze erlassen kann, damit das Erkannte und innerlich Erlebte auch zur Erdenreife gelangt. Dazu sollen im Folgenden noch weitere Gedanken erarbeitet werden.

Zeit-Notwendigkeiten

Nicht nur die Mayas hatten durch ihr Kalenderwesen verschiedene Begriffe von den unterschiedlichsten Qualitäten der Zeit. Heutzutage sieht man in unserer Kultur die Zeit meist nur noch als eine mechanische Größe, der sich der Mensch im modernen Leben aus Arbeits- und Freizeitwelt zu unterwerfen hat. Das macht die Menschen aber krank, eine getaktete und gleichförmige Zeit kann nicht wirklich befriedigen. So sollten wir zunächst wieder ein Gespür für die Qualitäten und lebendigen Rhythmen der Zeit bekommen, denn jede Epoche, jedes Jahr und jede Jahres- und Tageszeit hat seine eigene Qualität, die hilft, uns darin besser zurecht zu finden, wenn wir dies denn wollen.

Heute dominiert noch ein „Zeitgeist", der den Menschen nur an das Zähl-, Wieg- und Messbare binden will, so wie dies die Naturwissenschaften noch immer proklamieren. Doch im „Kleinen", bei wacheren und bewussteren Menschen wirkt zumeist ein anderer „Zeitgeist", der den Menschen wieder anbinden will an die hohen Gesetze des Alls und damit an seine eigentliche Bestimmung, die ihn erkennen lässt: ich als Mensch bin Erden- und Himmelsbürger zugleich. Nicht nur die Erdengesetze sollen mein Leben prägen, ich will auch die geistigen beziehungsweise die moralischen Gesetze erkennen, die allem Dasein zugrunde liegen.

Mit dieser Einstellung können wir uns auf die Suche nach den Qualitäten der Zeit aufmachen. Dabei werden uns zahlreiche Hilfen zuteil, aus der Astrologie, der Numerologie, der Rhythmenlehre, den hermetischen Gesetzen und den phänomenologischen Betrachtungen in der Natur.

Darauf kann ich hier aber nur hindeuten, denn es geht in diesem Artikel nicht nur um die Zeit, sondern vor allem um eine Gesundung unserer gesellschaftlichen Verhältnisse und dazu gehört ein Erkennen der Notwendigkeiten, die unsere Zeit in einem positiven Sinne von uns fordert. Dies kann hier wiederum nur sehr kurz und in Ansätzen verfolgt werden. Dabei stehen sich ein vorwärtsschreitender, den Menschen fördernder Zeitgeist und ein den Menschen versklaven und an sich binden wollender Zeitgeist gegenüber. Diese müssen wir erkennen, damit wir uns frei entscheiden können.
Nun, die Zeitnotwendigkeiten, was fordern diese von uns? Wenn man die Zeit-Qualitäten ergründen will, so lassen sich verschiedene Ansätze finden, die eine erweiterte Wahrnehmung zulassen. Zum Beispiel kann aus einer numerologischen Betrachtungsweise zunächst ein großes Bild hervorgehen.
Das erste Jahrtausend nach Chrisi Geburt untersteht dabei der Zahl 1. Da war alles noch auf eine Einheit ausgerichtet. Der König war auch Priester, die Cäsaren und Kaiser wollten noch aus Gottes Gnaden heraus wirken. Kirche und Staat waren eines, Priesterkönige herrschten.
Das zweite Jahrtausend, das der Zahl 2 untersteht, war dann auch geprägt von Trennungen und Spaltungen. Ein Kampf zwischen Kirche und Staat, zwischen Päpsten und Kaisern begann. Später dann in der Reformation die Spaltung innerhalb der Kirche oder das Bürgertum vom Adel, bis hin zur Spaltung und Auseinandersetzung der Arbeiterklasse zum Unternehmertum. Im weltpolitischen Geschehen folgte schließlich die Spaltung in den Ost-West Konflikt und weiter in Spaltungen der Menschen in eine Fortschrittsgläubigkeit und denen, die das Bewahrende

und Heilende der Schöpfung annehmen. Durch die Digitalisierung findet schon allein im Technischen eine Spaltung in 1 oder 0 statt, also in Strom oder Nicht-Strom. Dazwischen scheint es nichts mehr zu geben.

Doch im dritten Jahrtausend soll sich immer mehr die Zahl 3, also die Dreiheit durchsetzen können. Zunächst wirkt in vielen Bereichen noch die Dualität, zum Beispiel im Gegensatz von Licht und Finsternis, vom Tag und der Nacht, von Himmel und Erde, von Geist und Materie ... Eine Trennung ist hier noch offensichtlich. Doch die Dualität, das Verschiedene und Entgegengesetzte kann auch als eine Polarität betrachtet werden, wo sich die beiden Pole ergänzen und nach Goethe auch steigern können. So entsteht im Zusammenspiel von Licht und Finsternis zum Beispiel der Regenbogen, also ein Prinzip, das eine höhere Ebene darstellen kann. Dies soll im nächsten Kapitel noch vertieft werden.

Eine weitere Zeit-Qualität kann gefunden werden, wenn wir die Aussage Rudolf Steiners ernst nehmen, der verkündete, dass seit dem Jahr 1900 ein neues lichtes Zeitalter beginnen würde. Wenn man aber die zwei Weltkriege im letzten Jahrhundert betrachtet, so muss man konstatieren, dass zunächst sehr viel Dunkles zum Vorschein kamm. Ja, das Lichtvolle, das am Beginn des 20. Jahrhunderts in vielen Bereichen, in der Kunst, in der Spiritualität, in Jugendbewegungen und politischen Bestrebungen zum Vorschein kam und auch heute noch recht zart und keimend ist, es darf von den dunklen Mächten geprüft werden, ob es auch standhaft und stark sein kann. Denn am Dunklen erkennen wir erst den Wert des Hellen, des Lichtvollen.

Und schließlich leben wir in einer astrologischen Anschauung in der Übergangszeit vom Fische- in das Wassermannzeitalter. Die astrologischen Qualitäten des Wassermanns können am Trefflichsten in den Schlagworten beziehungsweise in den Idealen der Freiheit, Gleichheit und Brüderlichkeit zusammengefasst werden. Doch die wurden zuerst schon in der französischen Revolution im Jahre 1789 artikuliert. Schon da machte sich die Qualität des Wassermanns in einem ersten Einschlag bemerkbar. Bis diese Ideale gesellschaftlich gesehen auch umgesetzt werden, kann es aber noch dauern. Doch sie berühren und wirken in allen Bereichen des Lebens und es ist nur eine Frage der Zeit, bis sie sich durchgesetzt haben, denn sie wollen schließlich in jedem Menschen zur Geltung kommen.

Eine weitere Ansicht der Zeit-Qualität bietet sich, wenn man bestimmte Rhythmen in Erwägung zieht. Zum Beispiel können wir die Jahre 1789, 1889 und 1989 betrachten. 1789 – die französische Revolution, 1989 der Fall der Berliner Mauer und 1889 – in Deutschland stimmt das Parlament den Ideen der Renten- und Invaliden-Verischerung zu, in England gab es große Demonstrationen der Arbeiterschaft für einen Mindestlohn und für bessere Arbeitsverhältnisse, in Paris fand die erste große Weltausstellung statt. Diese genannten Jahre waren folglich geprägt von einem revolutionären und erneuernden Geist der Freiheit und der Brüderlichkeit. Darin offenbart sich also ein hundertjähriger Rhythmus beziehungsweise auch ein dreimaliger Sonnen-Rhythmus, der sich alle 33 Jahre erneuert.

Ich schreibe diese Zeilen im Jahre 2017. 1917 ging Rudolf Steiner mit den Dreigliederung-Gedanken, zunächst auf der konstitutionellen, menschlichen Ebene, an die

Öffentlichkeit. 1918 erschien sein Buch: Die Kernpunkte der sozialen Frage. Die Jahre darauf, also nach dem ersten Weltkrieg, war er unermüdlich bemüht, seine Gedanken einer sozialen Erneuerung in der Öffentlichkeit zu platzieren. Bei Politikern fand er wenig Offenheit, in der Arbeiterschaft und bei den Bürgern schon mehr. Es kam in Schlesien sogar zu einem Volksentscheid, wo der Dreigliederungs-Gedanke nur knapp unterlag. Das republikanische Prinzip setzte sich durch. Die Weimarer Republik entstand, mit allen Mängeln, Hoffnungen und Schwächen, die sich dadurch geschichtlich offenbaren konnten. So ist damals Rudolf Steiners Impuls gescheitert. Im Brand des ersten Goetheanums in der Silvesternacht 1920/21 wurde dies offenbar.

Doch ein Same muss sterben, in die Erde hinein, damit daraus eine Pflanze keimen und wachsen kann. Und so sehe ich in den nächsten Jahren auch eine Chance, diese Dreigliederungs-Gedanken verstärkt ins allgemeine Bewusstsein zu heben und sich darin einleben zu lassen. Die Zeit drängt danach.

Sicher, es gab auch schon die letzten Jahrzehnte kleinere Gruppen, die eine Dreigliederungs-Arbeit verrichteten. Joseph Beuys war wohl der Prominenteste, der auf künstlerischem Wege versuchte, solch soziale Gedanken in die Welt zu setzen. Manchmal scheint es aber doch sehr mühsam, etwas Neues in die Welt bringen zu können. Doch dieses Neue, im Keim ist es schon da. Nur aufgreifen müssen es die Menschen selbst. Ohne Schmerzen, ohne Leid kommt das Neue aber nicht in die Welt und dies im Persönlichen wie auch im Kollektiv. Das sollten wir dabei bedenken.

So muss vielleicht auch erst der ganze „falsche Zauber"

aus Geld, Gier und Macht zugrunde gehen, bis ein Raum geschaffen ist, in den sich Neues einleben kann. Vor allem nach dem ersten und zweiten Weltkrieg, wo die alten Ordnungen zerstört wurden, war zunächst ein Raum für Neues da. Unser Grundgesetz konnte zum Beispiel in diesem offenen Raum erschaffen werden – doch die Gegenmächte warten nicht lange, bis auch sie ihre Begehrungen und Konzepte durchsetzen wollen.

Letztlich geschieht immer ein geistiger Kampf zwischen den Mächten des Lichtes und denen der Finsternis und dies so lange, bis wir unsere dualistischen Betrachtungsweisen erweitern, hin zu einem trinitarischen Prinzip, das ich im folgenden Kapitel etwas näher erläutern möchte.

Von der Dualität zur Trinität

Immer noch stecken viele Menschen in einer dualistischen Betrachtungsweise fest. Ein sogenanntes Schwarz-Weiß Denken verurteilt die Welt in die Dualismen von Gut und Böse, Arm und Reich, Gesund und Krank oder in den Glauben und in das Wissen. Und scheinbar gibt es zwischen diesen Polen kaum irgendwelche Begegnungsmöglichkeiten, wenn man zum Beispiel nur einmal die Einteilung mancher Politiker in gewisse „Schurkenstaaten" heranzieht, wobei man sich selbst natürlich zu den Guten zählt.

Ja oder Nein, in der digitalen Welt gibt es nichts dazwischen. Im realen Leben dagegen gibt es kaum mehr etwas, das mit einem klaren Ja oder Nein beantwortet werden kann. Da benötigt es meistens differenzierende Betrachtungsweisen. Und wenn man nur einmal die Dualität von Arm und Reich anschaut, merkt man, dass Extreme in ein Krankmachendes hineinführen, während das Gesunde eine Mitte beziehungsweise einen Ausgleich fordert.

Diese Mitte gilt es in allem immer wieder neu zu finden. Dadurch bildet sich nämlich ein trinitarisches Denken aus. Die Natur kann uns dieses lehren, vor allem die Pflanze, die zwischen den Kräften des Himmels, der Sonne und denen der Erde wachsen, vermitteln und damit ausgleichen muss. Immer geschieht aber ein Wachsen durch ein Gleichgewicht zwischen den Kräften des Aufbaus und des Aufbaus beziehungsweise zwischen Wachsen und Welken. Wie jedoch findet die Natur dieses Gleichgewicht?

Zu viel Aufbau, zu viel Abbau, zu Reich, zu Arm, zu Links, zu Rechts – da muss eine ausgleichende Mitte gefunden werden. In der Pflanze finden sich die drei Elemente Wurzel (Erde), Blatt (Umkreis) und Blüte (Himmel). Das Blatt hat hier also eine Mitte- beziehungsweise eine Verbindungs-Funktion. Folglich darf die Mitte aber niemals starr und fest sein, sie muss viel eher immer wieder neu gefunden werden.

Eine Krankheit entsteht, wenn irgendwo ein verstärkter Abbau, eine Sklerose oder ein verstärkter Aufbau, eine Entzündung geschieht. Heute zeigt sich im gesellschaftlichen Leben ein starker Abbau, eine Tendenz zur Verhärtung, eine Sklerose, da ein mechanisch-abstraktes Denken die Todesprozesse vermehrt. Ein lebendiges, am Lebendigen sich orientierendes und ausrichtendes Denken kann hier eine Abhilfe schaffen.

Im Bereich des Moralischen, des Guten und des Bösen, kann diese Art des Denkens veranschaulicht werden. Der Geiz verhärtet, er ist der „kalte" Pol; die Verschwendung, zum Beispiel von Nahrungsmitteln, ist der andere, der auflösende, der „heiße" Pol. Dazwischen kann sich eine maßvolle Bescheidenheit ausbilden. Diese Mitte erst ist gut und dies vor allem, wenn sie flexibel ist und je nach Situation mal zum einen oder zum anderen Pol sich hinbewegen kann. Mal ist es gut, etwas sparsamer und zurückhaltender zu sein, mal ist es gut, wenn man großzügig ist und verschenken kann.

So wird sich auf leiblicher Ebene die Gesundheit zwischen der Entzündung und der Verhärtung, also zwischen „heißen und kalten" Krankheiten ausbilden. Eine Steigerung der Polaritäten, ein verbindendes, vermittelndes und erhöhendes Element, somit ein drittes Prinzip, schafft erst die Integration und den Ausgleich der extremen Einseitigkeiten.

Dieser Ausgleich kann auf drei Ebenen geschehen:

1. <u>Die Mischung:</u> Die Extreme mischen sich. Auf leiblicher Ebene ist dies passend. Männliche und weibliche Samen- und Eizellen verbinden sich, ein Drittes, ein Kind entsteht. Auf der seelischen Ebene eine Mischung herbei zu führen, wäre nicht ratsam, da dann jeder seine Eigenart verliert. Hier ist die zweite Form angebracht.

2. <u>Der Kompromiss:</u> Im Zwischenmenschlichen, wie auch in der Politik müssen sich entgegengestzte Standpunkte irgendwo dazwischen treffen und einigen, wenn man zu einem gemeinsamen Vorwärtskommen hingelangen will. Auf der geistigen Ebene genügt aber ein Kompromiss nicht mehr; da muss eine Erhöhung, eine Erweiterung stattfinden, die alle Standpunkte und Ansichten integrieren kann.

3. <u>Die Synthese:</u> Polarität und Steigerung - Licht und Finsternis bilden zusammen den Regenbogen. Eine Synthese in allen geistigen Belangen zu finden ist eine Kunst. Diese kann aber erlernt werden. Und da brauchen wir das „Rad" auch gar nicht neu erfinden, denn in der Geistesgeschichte gab es schon viele Vordenker, die dieses Trinitäts-Prinzip erkannt und ausgearbeitet haben. Im Folgenden will ich einige Anschauungen stichwortartig darstellen:

Pflanze:	Wurzel	Blatt	Blüte
Alchemie:	Sal	Mercurius	Sulphur
Fr. Hegel:	These	Synthese	Antithese
Fr. Schiller:	Vernunfttrieb	Spieltrieb	Stofftrieb
S. Freud:	Über-Ich	Ich	Es
J. Beuys:	Kosmos	Begegnung	Chaos
R. Steiner:	Nerven-Sinnes System	Rhythmisches System	Stoffwechsel-Gliedmaßen-System
allgemein:	Kopf	Herz	Hand (Bauch)
	Geist	Seele	Körper
	Mutter	Kind	Vater
	das Wahre	das Schöne	das Gute
Welt:	übersinnlich	natürlich	untersinnlich
Makro-Kosmos:	Hl. Geist	Sohn	Vater
	Vergehen	Werden	Entstehen

Das Trinitäts-Prinzip durchzieht alles Sein. Im dritten Jahrtausend wird es immer wichtiger, dieses zu erkennen und dann auch im realen Leben anzuwenden. Dabei gilt es, dem mittleren Bereich, dem Kindprinzip die größte Aufmerksamkeit zuteil werden zu lassen.

Die Dualitäten lassen sich nur ausgleichen, wenn ein spielerisches, vermittelndes, überschauendes und begegnendes Element hinzutritt. Wie dieses sich im sozialen und gesellschaftlichen Leben äußern kann, soll Inhalt der nächsten Abhandlung sein.

Ideen und Ideale der sozialen
Drei-Gliederung

Das Prinzip der Trinität durchzieht das ganze Sein, vom Mikrokosmos Mensch bis zum Makrokosmos Welt. Daher kann dieses Prinzip auch auf verschiedenen Ebenen betrachtet werden.

Im Makrokosmos haben wir die Entsprechungen Fixsternwelt, Tierkreis und Planeten; im Religiösen die Dreiheit von Vater, Sohn und heiligem Geist, im Indischen von Brahman, Vishnu und Shiva. Im Mikrokosmos Mensch bildet sich die Dreiheit ab als Vater, Mutter und Kind; im Leib als Kopf, Herz und Bauch; in der Seele als Denken, Fühlen und Wollen.

Hier soll es nun um die mesosoziale, also um die gesellschaftliche Ebene gehen, wo sich das Trinitätsprinzip ebenfalls zeigt. Nur ist dabei zu beachten, dass ein sozialer Organismus nichts Totes und Abstraktes ist, den man manipulieren kann, wie man will. Der soziale Organismus ist lebendig, ist wie ein Lebewesen, das erkrankt, wenn man es nicht nach den zugrundeliegenden geistigen, seelischen und biologischen Strukturen und Prinzipien behandelt. Heute erscheinen in unserer Gesellschaft immer mehr Krankheitszeichen, weil eben manche Bereiche darin zu stark dominieren und manch andere zu schwach ausgebildet sind.

Eine Dreigliederung bedeutet jedoch keine Dreiteilung, da die einzelnen Glieder darin lebensvoll miteinander korrespondieren und in einer höheren Einheit, also im Staat, miteinander verbunden sein sollen. Diese Dreigliederung offenbart sich nun im sozialen Organismus in den Bereichen Kultur- und Geistesleben, im Staats- und Rechtsleben, sowie im Wirtschaftsleben. Eine soziale Plastik, wie sie Joseph Beuys entwarf, versucht nun diese Bereiche so zu gestalten, dass sie ihren eigenen Prinzipien gemäß gehandhabt werden können.

So kann das Kultur- und Geistesleben weiter unterteilt beziehungsweise gegliedert werden in die Wissenschaft, in die Kunst und in die Religion. Zum Geistesleben gehört jedoch auch die Bildung, die Schulen und Universitäten, sowie die Medien, die aber einen gewissen Sonder- beziehungsweise einen Zwischenstatus einnehmen sollten, da sie nach meiner Erkenntnis eben auch einen Rechtsanspruch beinhalten sollten, das heißt praktisch gesehen, für den Einzelnen muss es einen rechtlichen Anspruch auf freie Bildung und Medien geben.

Das Staats- und Rechtsleben ist ja auch noch gegliedert in die Judikative, Legislative und Exekutive. Und das Wirtschaftsleben setzt sich zusammen aus Produktion, Handel und Konsum. Aber auch hier gibt es Bereiche, die nicht ganz in das Wirtschaftsleben gehören sollten, nämlich die Monetative, also das Banken- und Geldwesen, sowie die Landwirtschaft, die Rohstoffe und die Energie. Die sollten nach meiner Einschätzung ebenfalls in einem Zwischen-Bereich angesiedelt sein, wo das Rechtsleben dann dafür sorgt, dass diese Bereiche nicht in einer privaten Ausbeutung ausarten müssen, sondern dem Gemeinwesen förderlich sein können.

Ins Detail kann ich hier jedoch nicht gehen, denn hier ist zunächst nur eine grundsätzliche Idee für den sozialen Organismus ausgesprochen. Schematisch sieht dieses Ideen-Gebilde folgendermaßen aus:

Kultur- und Geistesleben
Wissenschaft, Kunst und Religion

Bildung   Medien

Staats- und Rechtsleben
Judikative, Legislative und Exekutive

Landwirtschaft, Rohstoffe   Monetative

Wirtschaftsleben
Produktion, Handel und Verbrauch

Um nun in eine Lebendigkeit dieser Bereiche hinein zu kommen beziehungsweise um diese Bereiche gesunden und fördern zu können, müssen sie mit Idealen, mit Herzens- und Seelenkräften durchdrungen werden, die erst das Lebendige ausmachen. Diese Ideale für den gesamtmenschlichen und gesellschaftlichen Organismus sind die Ideale der französischen Revolution:
Freiheit – Gleichheit – Brüderlichkeit
beziehungsweise würde man die Brüderlichkeit heute eher als Geschwisterlichkeit oder Solidarität benennen.
Allein diese Ideale in „Sonntags- oder Festreden" hervorzuheben, genügt noch nicht. Sie müssen nämlich erst den richtigen „Ort" finden, damit sie gesellschaftlich gesehen wirksam werden können. Und dies ist Rudolf Steiners großer Verdienst, dass er diese Ideale im sozialen Organismus so verorten konnte, dass sie dem Gesamten dienen können.
Die Freiheit gehört in das Kultur- und Geistesleben, die Gleichheit in das Staats- und Rechtsleben und die Brüder-

lichkeit beziehungsweise die Solidarität in das Wirtschaftsleben.

In heutiger Zeit ist ja hier einiges verdreht und verkehrt: Freiheit in der Wirtschaft, also ein neoliberales Wirtschaftsgebaren, ist falsch und führt in eine Sackgasse, denn die Wirtschaft hat die Aufgabe, die materiellen und seelischen Bedürfnisse der Menschen zu befriedigen. Sie soll einen dienenden Charakter einnehmen. Heute dominiert sie viele Bereiche, weil sich der Stärkere, Mächtigere und Reichere, „dank der wirtschaftlichen Freiheit" durchsetzen kann.

Ins Staats- und Rechtsleben gehört die Gleichheit. Vor dem Gesetz muss jeder Bürger gleich sein. Heute hat man es in den politischen Parteien eher mit „Kumpaneien und einer Vetterles-Wirtschaft" zu tun, also mit einer „Brüderlichkeit", die im Rechtsleben nichts zu suchen hat. Dies zeigt sich zum Beispiel in der Verquickung mit Interessengruppen, vor allem im Lobbyismus seitens der Wirtschaft und ähnlichem.

Der Staat hat zuvorderst die Aufgabe, die Bürger zu schützen und Gesetze zu formulieren, die ein friedliches und harmonisches Miteinander gewähren können. Die Gleichheit vor dem Gesetz macht schließlich erst die Würde des Menschen in einem sozialen Organismus, also in der Gemeinschaft aus.

Im Kultur- und Geistesleben muss Freiheit walten können. Diese ist erst gewährleistet, wenn sich die Organe des Geistesleben selbst verwalten können. Das betrifft vor allem die Bildung, die unter staatlicher Hoheit immer vor sich hinkranken wird.

Im Mittelalter war die Kirche Träger und Bestimmer in den damaligen Bildungseinrichtungen – ein Unding aus heutiger Sicht. So sollte zukünftig auch ein Bewusstsein wachsen, dass die Bildung am Besten gedeiht, wenn die darin Tätigen nach eigenem Ermessen walten und gestalten können. Beamtete Lehrer und Dozenten, die nach Staates Willkür handeln müssen, sind nicht mehr zeitgemäß. Denn der Professor an der Universität, der sein Geld vom Staat erhält, wird sich nur schwer für neue und eigene Einsichten öffnen können, wenn sie dem allgemein anerkannten „Mainstream" entgegenwirken.

Eine plurale Gesellschaft braucht vielfältige Bildungseinrichtungen, die den individuellen Fähigkeiten der Einzelnen entsprechen und gerecht werden. Heute wird ja eher eine Normierung und Gleichmacherei, also das Gleichheitsprinzip im Geistesleben angestrebt, wo dieses eben gar nicht hingehört. Dadurch wird aber das Geistesleben insgesamt geschwächt.

Die Wirtschaft ist heute auch deshalb so übermächtig, weil das Geistesleben, weil die Zivil-Gesellschaft so schwach geworden ist. Und dies vor allem auch, weil sie am „Geldhahn" des Staates hängt und dieser die Bildung immer mehr nach den Wünschen der Wirtschaft ausrichtet. Hier kann zum Beispiel die Idee eines Bildungs-Gutscheines eine Abhilfe leisten. Mit diesem könnten die Bildungs-Einrichtungen frei gewählt werden. Andererseits müssten aber auch die Bildungs-Einrichtungen ihre Schüler selber auswählen können, damit Freiheit in der Bildung gewährleistet ist.

Sicher, der Staat soll und muss Rahmenbedingungen für die Kultur und die Wirtschaft schaffen, damit keine unmenschlichen Auswüchse geschehen können. Aber dann soll er diese Bereiche sich sebst überlassen, denn diese können sich ohne unnötige Bürokratie viel besser selbst organisieren. Der Einheitsstaat, der alle Bereiche des Gesellschaftlichen regeln und gestalten will, ist damit sowieso überfordert.

Der Staat hat für die Wirtschaft die Arbeitnehmerrechte, den Umwelt- und Verbraucherschutz, die Steuergesetze und Regelungen gegen Ausbeutung und unfairen Handel zu treffen, ansonsten sollen die Menschen der Wirtschaft ihre Belange selber regeln, ohne ausufernde Bürokratie und politischen Einflussnahmen.

Die Freiheit im Geistesleben bedingt eine Mündigkeit, eine Selbstbestimmung und Selbstverwaltung der einzelnen Menschen in den jeweiligen Institutionen. Freiheit heißt dann aber auch, Verantwortung für sich und seine Aufgabe zu übernehmen. Davor scheuen sich noch viele Zeitgenossen, lieber soll der Staat oder die Wirtschaft noch vorschreiben, was zu tun und zu lassen ist. Doch ohne mündige Bürger ist die Gefahr recht groß, dass sich autoritäre Systeme an die Spitze des Staates stellen, seien sie politischer oder religiöser Natur.

So kann man hier recht leicht einsehen, dass es mit den Idealen gar nicht so einfach ist, wenn man diese auch umsetzen und anwenden will. Bleiben sie nur im Ideellen und finden nicht den Weg in eine Rechtsvereinbarung, damit sie wirksam werden können, so werden sie nicht wirklich erdentauglich. Ideale müssen folglich noch in Rechte umgesetzt werden, damit sie wirksam werden können. Unser Grundgesetz hat hier schon gute Maßstäbe gesetzt. So ist zum Beispiel die Freiheit in den Paragraphen der Versammlungs-, der Meinungs-, der Religions- und in der individuellen Selbstbestimmungs-Freiheit wie der freien Berufswahl etc. konkretisiert.

Die Gleichheit vor dem Recht, ja, da hapert es noch, was

zum Beispiel die Grund- und Bodenfrage, die Steuergerechtigkeit oder überhaupt die Geldfrage angeht. Da haben die Vermögenden immer noch mehr Rechte.

Und die Solidarität in der Wirtschaft wird einfach dadurch untergraben, dass der Verbraucher, für den die Wirtschaft schließlich arbeiten soll, in die Entscheidungsprozesse, was und wie produziert wird, viel zu wenig eingebunden ist. Durch eine immense Werbeindustrie sollen dem Verbraucher Bedürfnisse suggeriert werden, die er eigentlich gar nicht hat. Dies ist letztendlich aber eine Frage des Systems. Dass das sogenannte kapitalistische Wirtschaftssystem beziehungsweise die freie Marktwirtschaft krankt, kann überall auf der Welt gesehen werden.

Darauf soll dann im nächsten Abschnit etwas näher eingegangen werden.

Der Teufel sitzt bekanntermaßen im Detail

Zu sehr ins Detail kann ich hier leider nicht gehen. Wieder werden nur grundlegende Sichtweisen angeboten, die aber eine Vorraussetzung bilden, um dann in eine fachlich detailierte Aufgabenstellung eingehen zu können.

Eine Grundvorruassetzung und Bedingung ist es nun, dass man sich über den Begriff der Freiheit im Klaren ist. Denn die Freiheit kann sich auf verschiedene Weisen und Arten offenbaren beziehungsweise artikulieren.

Sicher, es wird heute viel von individueller Freiheit gesprochen, die auch niemand mehr missen will. Vor allem, weil es noch viele Staaten gibt, in denen diese Freiheit unterdrückt wird, meistens zugunsten eines Systems, dem sich die Einzelnen unterordnen müssen.

Die individuelle Freiheit ist aber notwendig, damit der Einzelne seine ganz eigenen Fähigkeiten bestmöglich ausbilden kann. Rudolf Steiner hat dazu ein <u>soziologisches Grundgesetz</u> formuliert, das den Grundcharakter und die Grundbedingung für ein freies Kultur- und Geistesleben ausmacht:

„Die Menschheit strebt im Anfange der Kulturzustände nach Entstehung sozialer Verbände; dem Interesse dieser Verbände wird zunächst das Interesse des Individuums geopfert. Die weitere Entwicklung führt zur Befreiung des Individuums von dem Interesse der Verbände und zur freien Entfaltung der Bedürfnisse und Kräfte des Einzelnen" (GA 31 Gesammelte Aufsätze zur Kultur- und Geistesgeschichte).

Nun sollte man hierzu jedoch noch ein Bewusstsein erringen, für was diese individuelle Freiheit überhaupt eingesetzt werden kann. Da gibt es geistesgeschichtlich gesehen drei verschiedene Ansätze.

Mehr vom Westen der Welt kommt die Freiheit, die da heißt: „das nehm ich mir". Eine materialistisch eingestellte Konsum-Freiheit, die vor allem die leiblichen und irdischen Bedürfnisse ausleben will, schafft die Grundlage für das System der freien Marktwirtschaft beziehungsweise für den Kapitalismus. Gerne wird von deren Vertretern proklamiert, dass dieses System viel Wohlstand und individuelle Freiheit gebracht hat. Nur auf wessen Kosten? Die Erde leidet und die Armut in großen Teilen der Welt ist immer noch sehr groß. Jedoch, so meint man, dazu gäbe keine Alternative, da die Planwirtschaft in sozialistischen Staaten kläglich versagt hat. Doch wie wir in einem vorigen Abschnitt gesehen haben, können Polaritäten erweitert beziehungsweise erhöht werden, nämlich in einem dritten Prinzip, das eben die soziale Dreigliederung enthält.

Die Mitte zwischen dem Kultur- und Wirtschaftsleben bildet das Staats- und Rechtsleben. Eine Gleichheit vor dem Recht soll sich unter anderem nicht nur in Wahlen ausdrücken, sondern auch in Abstimmungen, durch welche wesentlich größere Mitbestimmungsmöglichkeiten gewährleistet sind. Im Rechtsleben geht es nämlich vor allem um das Verhältnis des Einzelnen zum Ganzen, zur Gemeinschaft und darum, wie das Ganze für den Einzelnen ein Bewusstsein entwickeln kann. Rudolf Steiner hat hierfür das <u>Motto für eine Sozial-Ethik</u> aufgestellt:

„Heilsam ist nur, wenn im Spiegel der Menschenseele sich bildet die ganze Gemeinschaft, und in der Gemeinschaft lebet der Einzelseele Kraft" (GA 40 Wahrspruchworte).

Der Einzelne wird sich um so mehr mit seiner Gemein

schaft, zum Beispiel mit seinem Staat verbinden können, wenn es darin gerecht zugeht. Da sind zukünftig vermehrt die Fragen nach dem Grund und Boden, nach dem Geld und einer Steuergerechtigkeit zu klären. Heute werden ja noch die Reichen bevorteilt. Das kann auf Dauer aber nicht gutgehen.

Geld ist in einem sozialen Organismus wie das „Blut" im Körper; es soll dahin fließen, wo Bedarf ist. Heute sammelt es sich dort, wo eh schon zu viel vorhanden ist. Blut beziehungsweise die Energie muss fließen können. Die Idee eines „alternden" Geldes und deren Umsetzung kann bewirken, dass es nicht mehr gehortet wird, sondern sich verstärkt im „Kreislauf" bewegt. Zudem kann noch unterschieden werden zwischen einem Kauf-, einem Leih- und einem Schenk-Geld, die eine entsprechende Beziehung haben zur Wirtschaft, zum Recht und zur Kultur. Tiefer ins Detail möchte ich hier aber gar nicht eingehen, da es heute schon gute Ansätze gibt, die ein neues und gesundes Geldsystem entwickelt haben.

Ja – und die Wirtschaft, die sich heute vor allem auf Konsum und Egoismus stützt, sie ist das größte Problem, denn sie fußt eben auf einem recht einseitigen Freiheitsbegriff: „die Freiheit nehm ich mir"...

Im Osten der Welt hat sich dagegen ein ganz anderer Freiheitsbegrif entwickelt. Da ist die individuelle Freiheit gar nicht im Irdischen zu erreichen. Erst in der Loslösung aus der Anhaftung an das irdische Sein erwächst nach dortiger Anschauung die wahre Freiheit. Doch mit dieser Einstellung ist es kein Wunder, wenn irdische Befürfnisse vernachlässigt, wenn Armut und Hunger die Folgen sind.

In diesen beiden Freiheits-Auffassungen findet sich also wiederum eine Polarität, die nicht leicht zu vereinen ist.

So benötigt es auch hier ein drittes Prinzip, das vor allem im christlichen Geistesleben entstanden und aus diesem herausgewachsen ist. Nämlich die Freiheit, die durch ein Bewusstsein, die durch eine Erkenntnis ersteht: „Und die Wahrheit und die Erkenntnis wird euch frei machen ...“
Nichts braucht dabei ausgeklammert und negiert werden. Wir dürfen und sollen eintauchen in die Materie, in das sinnliche Leben, aber auch in den Geist, in das übernatürliche Sein und dabei ein Bewusstsein erringen über die einzelnen Wirkungsweisen der Phänomene dieser verschiedenen Welten. Und dann müssen wir uns eine Urteilsfähigkeit erringen, ist dies gut oder schadet es und danach unsere Entscheidungen treffen.
Dass dies der schwierigere Weg ist, dürfte einleuchten, doch er ist der einzige, der das Leben bejaht, sich aber darin nicht verliert und darinnen sogar den Geist entdeckt. Denn Materie ist niemals ohne Geist und Geist nicht ohne Materie. Nur Geist oder nur Materie – alle Einseitigkeiten machen krank, das ist nur eine Frage der Zeit.
Mit diesem Bewusstsein können wir nun erneut das Wirtschaftsleben betrachten, wo es ja um die materiellen und irdischen Bedürfnisse der Menschen geht. Die Wirtschaft soll dienen, sie soll folglich gemeinwohlorientiert sein, soll also allen zugute kommen. In einer assoziativen Wirtschaft, in der Produzenten, Händler und Verbraucher zusammenkommen, um die wirklichen Bedürfnisse ergründen zu können, befreit von überflüssiger Produktion und Arbeit, ist dem Menschen am Besten gedient, da vieles was heute produziert wird unnötig ist, weil diese Produkte nur durch eine geschickte Werbung angepriesen sind und somit ein Schein-Bedürfnis erzeugen.
Die Brüderlichkeit, die Solidarität in der Wirtschaft kann

erst einziehen, wenn das <u>soziale Hauptgesetz</u>, das Rudolf Steiner formuliert hat, genügend in das Bewusstsein der Menschen Einzug gehalten hat:

„Das Heil einer Gesamtheit von zusammenarbeitenden Menschen ist umso größer, je weniger der Einzelne die Erträgnisse seiner Leistungen für sich beansprucht, das heißt, je mehr er von diesen Erträgnissen an seine Mitarbeiter abgibt und je mehr seine Bedürfnisse nicht aus seinen Leistungen, sondern aus den Leistungen der anderen befriedigt werden" (GA 34 Lucifer Gnosis).

Dies berührt die Frage nach dem Lohn. Arbeite ich nur für das Geld oder um der Arbeit selbst willen? Da tun sich noch weite Zukunftsmöglichkeiten auf, denn oftmals steckt der Einzelne noch in einer Art Selbstversorgungs-Mentalität fest, während in einer arbeitsteiligen Wirtschaft praktisch gesehen niemand mehr für sich alleine sorgen kann.

Jedoch, noch immer treffen dabei die Gegensätze Kapitalismus und Sozialismus aufeinender. Im Kapitalismus schaut jeder, dass er für sich am meisten „rausholen" kann, im Sozialismus soll für alle gesorgt sein. Kapital ist letztlich unser Vermögen, privatisiert oder staatlich organisiert; das Soziale ist das Gemeinschaftliche. Beides benötigt der Mensch. Doch wie können diese Polaritäten miteinander verbunden werden, ohne sich bekämpfen und verachten zu müssen?

Der Kapitalismus fusst auf Profit-Maximierung, auf der Privatisierung und Veräußerung von Fabriken und Unternehmen, also auf dem Privatbesitz und der Spekulation mit Grund und Boden. Er setzt auf die individuelle Freiheit beziehungsweise auf ein freies Unternehmertum. Wem was gehört, das sind letztlich aber keine Wirtschaftsangelegenheiten, sondern Rechtsfragen. In einem Rechtssystem sollte aber nicht die Wirtschaft bestimmen.

Im Sozialismus wird Besitz vergemeinschaftet beziehungsweise verstaatlicht. Der Einzelne arbeitet für das Ganze, das „Wir" entscheidet. Dadurch entsteht sehr leicht eine Unterdrückung der individuellen Freiheit beziehungsweise eines freien Unternehmertums.

Insgesamt zeigen sich in beiden Systemen gewisse Einseitigkeiten, die man im Sinne der Dreigliederung verbinden und ausgleichen kann.

Das Kapital, also das Vermögen einer Gesellschaft, ist letztendlich unser Wissen, unser „Knowhow", ist unsere Bildung, sind unsere Fähigkeiten, unsere Motivation und gesamtgesellschaftlich gesehen unsere Unternehmen. Die sollten wir nicht leichtfertig verscherbeln.

Das Soziale, das Gemeinwohlfördernde wird fruchtbar, wenn wir es nicht als eine Staatsform annehmen, sondern in dem gesellschaftlichen Bereich anwenden, wo es für alle nutzbringend sein kann.

Kapitalist sein, also ein Vermögen anhäufen, dürfen und sollen wir im Geistesleben, Sozialist dürfen wir sein im Wirtschaftsleben und ein echter Demokrat schließlich im Rechtsleben, der durch Wahlen und Abstimmungen in den Bereichen, die alle Bürger betreffen, mitentscheiden kann.

Ein Bürger wird sich folglich in einem Staat besonders zu Hause fühlen können, in dem ein freier, demokratischer Sozialismus waltet - (ausgedrückt nach Joseph Beuys).

Da das Wort Sozialismus für viele jedoch abstoßend wirkt, sollte man besser formulieren: in einem freiheitlichen, auf individueller Selbstbestimmung bauender, demokratischer Staat mit einer nachhaltigen, gemeinwohlorientierten und assoziativ gestalteten Wirtschafts-Ordnung, wo sich alle drei Bereiche, das Kultur-, Staats- und Wirtschaftsleben innerhalb festgesetzter Rahmenbedingungen nach ihren eigenen Bedürfnissen und Aufgaben selber einbringen und gestalten können.

Die Freiheit im Geistesleben, die Gleichheit und damit die Würde des Menschen im Rechtsleben und die Solidarität im Wirtschaftsleben schaffen zusammen ein Klima, in dem ein sozialer Organismus gesunden und bestmöglich gedeihen kann.

Aber nicht nur ein einzelner Staat kann von dieser Struktur profitieren. Im Zeitalter der Globalisierung ist es wichtig zu erkennen, dass sich diese drei Glieder auch geographisch ausgebildet haben. Die Freiheit des Individuums wurde vor allem im Westen gepflegt. Die FreiheitsStatue steht nicht zufällig in New York, obwohl im derzeitigen politischen System die indivduelle Freiheit, zum Beispiel die der Medien, angegriffen wird. Das Gemeinschaftliche, der Staat (America first) soll zwingender werden. Doch dieses Gemeinschaftliche, das große „Wir" beziehungsweise auch die Brüderlichkeit hat seine Wurzeln eher im globalen Osten, in Russland, China, Japan und weiteren Ländern.

In der Mitte, in Europa hat sich die Gleichheit vor dem Gesetz zu entwickeln. Die Würde des Menschen beachtet die individuelle Freiheit, damit aber auch die Freiheit des Anderen. In einem Ich, in einem Wesenskern, das den Menschen erst zum Menschen macht, ist die geistige Grundlage gegeben für ein freies, sich selbst bestimmendes Eigen-Wesen, aber auch für ein soziales Wesen, das sich in der Gemeinschaft, im und durch den Anderen erst selbst finden, erkennen und erhalten kann. Hier, in dieser Rechtsphäre, in diesem Miteinander kann der Einzelne, der sich selbst bestimmen will, mit dem „Wir", mit dem Ganzen zusammenkommen.

Europa hat hier weltgeschichtlich gesehen eine ganz besondere Bedeutung. Es muss seine Eigenart, die eigene Aufgabe erkennen und sich nicht nur an den „großen Bruder" anhängen wollen. Ein selbstbewusstes Europa kann erst die Verbindung schaffen zwischen den unterschiedlichsten völkischen und kulturellen Besonderheiten und den gesamtwirtschaftlichen Aufgaben und Problemen, wenn es die rechtlichen Grundlagen dafür schafft, die auf individueller Freiheit, sozialem Miteinander und demokratischer Mitbestimmung bauen.

Da gibt es also noch viel zu tun bis wir eine echte Solidar-Gemeinschaft beziehungsweise auch ein demokratisches Rechts-System in der Europäischen Union geschaffen haben. Aber ohne diese Arbeit wird es nur schwer möglich sein, eine Mitte beziehungsweise einen Ausgleich zu finden zwischen den Systemen und Kräften aus Ost und West, die immer wieder unversöhnlich aufeinander prallen. Das Extreme und Einseitige macht aber „krank".

Das Ausgleichende und Verbindende, die Mitte, muss eben gestärkt werden, auf allen Ebenen des Lebens, damit es in einem gesunden Sinne weitergehen kann. Ohne Reformen und Neu-Ausrichtungen wird dies nicht gehen. Ein immer Weiterso kann nicht gelingen. Ohne Ideale und Ziele für eine menschlichere Zukunft, ohne ein ständiges Erneuern und Reformieren der sozialen und gesellschaftlichen Errungenschaften, kann das Alte und Festgefahrene nur ins Unheil führen. Im Lebendigen gibt es keinen Stillstand, nur ein Aufwärts oder Abwärts, nur ein Erblühen oder Ersterben, das sollten wir doch bedenken.

Vom Umgang mit dem Falschen, Kranken und Bösen

Manche Politiker verteufeln gerne noch andere Meinungen, Standpunkte und politische Systeme. Sogenannte „Schurkenstaaten" sollen umerzogen oder vernichtet werden. Mit dem Kampf gegen das Böse, wie dem sogenannten Islamischen Staat, lässt sich natürlich viel Geld verdienen, zumindest für die Waffen-Industrie.

Oftmals sieht man das Schlechte nur beim Anderen und bei sich, für die eigenen Fehler und Untaten ist man meistens blind. Doch das Falsche, Einseitige und Krankmachende dürfen und sollen wir nicht verteufeln, auch die Extreme nicht. Denn sie sind zugelassen beziehungsweise dazu da, dass wir das Gute erkennen und stärken lernen. Extreme bilden sich ja erst, wenn die Mitte, wenn das Gesunde und Gute schwach geworden ist.

Viele Menschen ärgern sich zum Beispiel über die vielen Flüchtlinge und Moslems. Dabei bedenkt man nicht, dass diese nur kommen können, weil hier ein demographisches Ungleichgewicht, eine Überalterung und ein gewisses religiöses Vakuum entstanden ist. Wäre hier in Europa ein gesundes und starkes Christentum beziehungsweise eine starke und echte Religiösität, bräuchten gar nicht so viele andere Religionen erscheinen. So aber wird eine grundsätzliche Konfrontation und Auseinandersetzung mit dem Religiösen überhaupt herbeigeführt, die das Geistesleben der ganzen Gesellschaft herausfordern muss. Das kann aber auch positiv gesehen werden.

Letztlich erkennen und lernen wir durch das Andersartige das Eigene besser verstehen und durch das Böse das „gute

Gute", das das Böse nicht mehr verdrängt oder bekämpft, sondern in sich integriert hat.

Die Frage nach dem Guten und Bösen ist eine moralische und damit eine geistige Angelegenheit. Damit tun sich aber noch viele Zeitgenossen schwer, denn eine Moral, wie sie von einer Institution wie der Kirche über Jahrhunderte proklamiert wurde, lehnen viele mündigen Bürger verständlicherweise ab. Es geht hier eben nicht um einen Sittenkodex von Außen, denn die Moral beziehungsweise die geistige Welt lebt in jedem Menschen selbst. In Idealen und im Gewissen kann sie sich individuell ein Gehör verschaffen.

Der Mensch <u>muss</u> nicht wie das Tier, das in feste Seinsweisen eingebunden ist; der Mensch <u>kann</u> und er <u>soll</u>. In jedem Menschen wohnt eine Kraft, die ihn zum Guten hin bewegen will. Dies ist aber kein „Gutes" mehr, das zu einer bestimmten geschichtlichen Zeit in einem bestimmten Territorium die Lebensweisen aus damals sinnvollen, meist religiösen Gesichtspunkten und Erwägungen vorgeschrieben wurde.

Heute geht es viel eher um ein universelles, um ein menschheitlich Gutes, zu dem jeder Mensch in sich einen Weg finden kann, unabhängig von Institutionen und Religionen. Diese universalen Werte, wie sie zum Teil auch in neueren Verfassungen, in Grundgesetzen und in den Menschenrechten ihre Niederschläge und Verankerungen gefunden haben, gilt es zu stärken und auszubauen, was zum Beispiel das Tierwohl und den Schutz der Erde betrifft. Der Erde und den Tieren sollten wir unbedingt Rechte zugestehen, die sie vor Ausbeutung und Quälereien schützen.

Doch zum Guten gehört eben in einer dualistischen Anschauung und Welt immer auch ein Böses. Zur These gehört die Antithese und beide rufen auf, eine Synthese zu finden, also ein Gutes, das das Böse mit einschließt. Das Böse, Einseitige und Krankmachende soll und kann dahin geführt werden, wo es letztlich dem Guten dient.

„Ich bin ein Teil von jener Kraft, die stets das Böse will und doch das Gute schafft" (Mephistofeles in Goethes Faust).

Nur dürfen wir dabei aber nicht den Fehler machen, dieses Böse nur im Außen zu schauen. Denn je näher man dem Bösen in sich selber kommt und das in jedem Menschen in irgendeiner Weise vorhanden ist, desto weniger braucht man den Feind im Außen, auf den man sein Böses projizieren kann. Wenn wir das Böse und Unvollkommene in uns selbst erkennen, können wir dieses viel eher auch bei Anderen akzeptieren. Und dies bis in politische und gesellschaftliche Belange hinein. Denn solange man das Böse noch beim Anderen bekämpft, ist es auch noch im eigenen Inneren vorhanden, wird dort leider nicht gesehen und verdrängt.

Letztendlich spielt sich im Seeleninneren ein Kampf ab zwischen den geistigen Mächten und Kräften der Liebe und denen, die dem Menschlichen entgegenwirken. Wir sind dadurch folglich dazu aufgerufen, das Gute, Liebevolle und Menschliche in uns zu stärken. In dem man so dem Bösen und Fehlerhaften in sich selbst begegnen und es annehmen und akzeptieren kann, kommt man allmählich an einen Punkt heran, wo man sich selber und im weiteren dann auch den Anderen, den Eltern und Erziehern beziehungsweise auch den Menschen, die einem Leid und Schmerzen zugefügt haben, verzeihen und vergeben kann.

Dadurch erst findet eine Korrektur und zwar nicht nur im Außen, sondern zunächst vor allem in sich selbst statt. Und dies sind wirklich die fruchtbaren Momente im Leben, für die man letztlich nur dankbar sein kann, denn aus Schmerzen und leidvollen Erfahrungen beziehungsweise aus überstandenem Leid wächst im Endeffekt eine Erkenntnis und damit eine neue Welt heran. Dies kann im einzelnen Leben wie auch in Völkerschicksalen immer wieder beobachtet werden.

In der indischen Tradition gibt es eine Legende, die ich hier wiedergeben will: „Der göttliche Krishna wandelte einmal des Weges, als ihm ein böser Dämon begegnete. Der begann auch sogleich, ihn zu beschimpfen, zu ärgern und zu provozieren. Krishna ließ sich darauf ein, denn was konnte ihm schon passieren, da er sich gut und göttlich fühlte. Der Streit nahm so seinen Lauf und bald fingen sie an, miteinander zu kämpfen. Und je mehr Kraft und Energie Krishna auf seinen Gegner verwendete, um ihn besiegen zu können, um so größer und stärker wurde der Feind. Irgendwann war dieser so mächtig, dass Krishna sich nicht mehr zu helfen wusste.

Da erschien ein alter Weiser des Weges und Krishna bat ihm um Hilfe. Dieser sagte nur: Besinne dich auf dich selbst, auf das Gute, auf das Göttliche in dir.

Ja, das war die Lösung, denn als Krishna sich auf sein Göttliches besann, wurde der Dämon kleiner und verschwand bald ganz".

Ja, sich auf das Gute und Wahre besinnen, lässt dieses wachsen. Auf das Böse und Falsche hinstarren, macht es möglich, dass dieses von einem selbst Besitz ergreift.

Doch erst am Falschen, Kranken und Bösen lernen wir, was das gute Gute ist. Darum sollten wir das Ungute auch nicht vermeiden und verdrängen. Das gute Gute schließt viel eher das Böse mit ein. Es kämpft nicht gegen das Böse oder vedrängt es, sondern es führt es dahin, wo es dem Guten dient. So zum Beispiel mit manchen krankmachenden und zerstörerischen Techniken; sie können fesseln und abhängig machen oder sie können dienen, wenn wir selbst unser Heil nicht in der Technik, sondern in uns selbst, in unserer Göttlichkeit beziehungsweise Menschlichkeit suchen, da dies letztlich ein und dasselbe ist.

Auch im Gesellschaftlichen kann dieses Prinzip angewandt werden. Manche verteufeln und beschuldigen den Kapitalismus, andere den Kommunismus und Sozialismus. Doch beide Systeme müssen sich nur beschränken. Sie können nur für sich genommen kein Heilmittel sein, mit denen eine Gesellschaft gefördert werden kann. Wenn sie sich aber beschränken und an dem Platz wirken, wo sie zum Heil des Ganzen beitragen können, so ist das gut.

Ein Kapitalismus, der heute noch alle gesellschaftlichen Bereiche dirigieren und beherrschen will, auch die Bildung, die Kultur und das Staatsleben, ist falsch und wirkt krankmachend. Ebenso ein Sozialismus, der sich als die einzige Lösung für die Gesellschaft aufspielen will, denn er schafft keine individuelle Freiheit und damit keine kreative Schaffenskraft.

Der Kapitalist im Geitesleben, wo Fähigkeiten ausgebildet und gefördert werden, der Sozialist im Wirtschaftsleben, wo es um gerechte Verteilung und nachhaltige Produktion gehen sollte und der Demokrat im Rechtsleben, wo es um zwischenmenschliche Vereinbarungen geht – da haben alle ihren Platz, an dem sie zum Wohl des Ganzen wirken können.

Auch mit Krankheiten, Widerwärtigkeiten und Unwahrheiten ist in dieser Weise entsprechend umzugehen. Immer sollen wir auf das Gesunde, Gute und Wahre unsere Aufmerksamkeit und damit unsere Energie hinlenken. Wenn man sich nur noch mit Krankheiten und dem Kranksein beschäftigt, verhindert man oftmals, dass sich die Selbstheilungs- und Gesundungskräfte entfalten und durchsetzen können. Krankheiten haben schließlich auch einen Sinn. Diesen zu entschlüsseln, ist eine Erkenntnisaufgabe und befähigt uns, das weitere Leben bewusster und sinnvoller mitgestalten zu lernen. Krankheiten lassen uns zudem in Geduld, Demut und einem Leid-Ertragen wachsen, was in gesunden Zeiten meistens nicht so oft geübt wird.

Entscheidend ist letztlich also, wohin wir unsere Energie hinwenden wollen. Da sind wir frei und da hat auch jeder eine große Wirkensmöglichkeit. Dies sollten wir nicht vergessen und uns ohnmächtig dem Unguten und Krankmachenden ausgeliefert fühlen. Dieses kann vor allem auch durch die heutigen Medien einen so großen Raum in unserem Zeitgeschehen und damit in unserem Bewusstsein einnehmen. Damit wird dieses aber meistens nur noch gestärkt. Es gäbe sicher genügend positive Ereignisse in der Welt, über die man auch berichten könnte. Aber auch das ist eine Bewusstseinsfrage.

Mit einem Gedicht, dessen Verfasser ich nicht kenne, will ich das hier Gesagte abrunden und abschließen:

> „Lass dem Bösen seinen Lauf,
>   baue stets das Gute auf,
>   wenn das Gute einmal steht,
>   Böses von allein vergeht."

Einen guten gesellschaftlichen Wandel herbeiführen

Was kann ich als Einzelner beitragen, um einen gesellschaftlichen Wandel und zwar zum Guten hin, fördern zu können?

In früheren Zeiten gab es auch bei uns des öfteren blutige Revolten, um bestehende Systeme stürzen zu können. Das wollen die Menschen heute zumeist nicht mehr, denn Gewalt ist kein Mittel, um eine bessere Welt kreieren zu können. Heute braucht es eher eine Revolution des Bewusstseins, denn die Wirklichkeit folgt den Gedanken, die wir Menschen aussäen.

Aber was hindert uns heute noch, neue zukunftsweisende Gedanken zu suchen, da wir eigentlich schon genügend wissen, dass es so, wie es heute noch mehrheitlich läuft, nicht mehr lange weitergehen kann.

Ist es unsere Bequemlichkeit oder die Angst vor Ungewissem, die uns hindern, geistiges „Neuland" zu betreten? Oder sind wir in einem Materialismus gefangen, der uns vor lauter Wohlstand, Sattheit und den vielfältigsten Vergnügungen die realen Probleme nicht mehr sehen lässt beziehungsweise diese nicht gerne sehen will oder weil es ja eine vermeintliche Alternative gibt, streng nach dem Motto: die Technik wird es schon richten?

Geo-Enginiering, elektonische Steuerungen überall und eine zunehmende Roboterisierung sollen die Fehler und Versäumnisse unseres ach so schwachen Menschseins ausgleichen. Der durch Technik optimierte Mensch als eine Lösung unserer Unvollkommenheiten schafft aber nur neue Abhängigkeiten von solchen Techniken. Und welche

„Geister" schließlich dahinterstecken, sollten wir schon wahrnehmen wollen, sonst ergeht es uns wie dem Zauberlehrling in Goethes Gedicht.

Letztlich steckt hinter solch einem Gebaren natürlich eine Weltanschauung, also ein gewisser Standpunkt, wie und von wo aus wir die Welt anschauen und einordnen und dieser Standpunkt heißt: Materialismus.

Die Maxime des Materialismus lauten: Gesundheit, langes Leben und Glück (Wohlstand, Erfolg und Spaß). Das wünschen wir uns doch alle gegenseitig. Deshalb ist der Materialismus auch so stark in heutiger Zeit, weil wir, meist unbewusst, diese Maxime für richtig halten und sie uns und unseren Mitmenschen wünschen.

In einem Gegenpol zum Materialismus, dem Spiritualismus, sucht man sein Glück nicht in materiellen, sondern in geistigen und moralischen Werten, in Idealen und in Bereichen, wohin der Materialist nicht gelangen kann. Dieser begnügt sich auch gerne mit einem reichen und fröhlichen Leben im Irdischen, so wie die Raupe zufrieden ist, wenn sie genug zu fressen hat. Doch in der Natur geschieht alles nur zu einer bestimmten und begrenzten Zeit. Die Raupe vergeht, verwandelt sich, damit daraus ein Schmetterling hervorgehen, der ins freiere Leben, in die Lüfte sich aufschwingen kann.

Die Gesetze der Natur bestimmen jedoch auch alles Natürliche im Menschenreich. Ja, der Mensch ist sogar die Verkörperung der gesamten Natur, denn in ihm kann sich die Natur ihrer selbst bewusst werden. Nur erkennen und anwenden muss er die Gesetze der Natur, die eben auch in ihm wirken.

So nützt schlussendlich auch kein Anti-Aging, auch kein Transhumanismus, der durch gewisse Techniken sogar den

Tod „besiegen" will – am Sterben kommt niemand vorbei. Und wenn wir auch noch so sehr mit Anerkennung und Ruhm im Irdischen überhäuft wurden, in der jenseitigen Welt nützt dies nichts. Da zählen nämlich die Ideale und geistigen Werte, nach denen wir versucht haben, unser irdisches Dasein so zu gestalten, um daran schließlich geistig-seelische Fähigkeiten erwerben zu können.

Wenn wir nun das Erdenleben unter geistigen Gesichtspunkten betrachten wollen, so müssen wir ehrlicherweise erkennen, dass unser abendländisches Geistesklima immer noch aus alttestamentarischen und christlichen Werten, Mythen und Geschichten mitbestimmt ist. Und da erzählt das Alte Testament von den drei Flüchen, die Gott der Herr ausgesprochen hat als Adam und Eva vom Baum der Erkenntnis, von dem sie noch nicht essen sollten, gegessen haben. Diese Flüche sind der Schmerz, die Mühe und der Tod. Diese hört der Materialist ja gar nicht gerne und so ist er unentwegt bemüht, gegen den Schmerz, gegen die Mühe und gegen den Tod anzukämpfen.

Die Gefahr dabei ist aber, dass der Mensch mit einer materialistischen Gesinnung die geistige Welt und damit auch den Sinn dieser Flüche vergessen kann. Diese Flüche sollen ihn nämlich daran erinnern, dass er einer Welt entstammt, in der diese Flüche nicht sind, denn in der himmlisch-geistigen Welt gibt es keinen Tod, keine Mühe und kein Leid. Dies sind Attribute des Irdischen, weil wir an ihnen Erkenntnisse gewinnen können.

Erkenntnisprozesse beziehungsweise das Essen vom Erkenntnisbaum, sind im tiefsten Sinne Todesprozesse und zwar bis ins Leibliche hinein. Eine Sinnes-Nerventätigkeit baut biologisch gesehen ab. Mühen und Schmerzen bewegen uns zum Umdenken und Umkehren. Das ist ihr Sinn.

So nützt letztlich auch kein Wegrennen, kein Negieren, kein Verdrängen etwas, nur das Annehmen schafft die Vorraussetzung für Wandlung und Neubeginn.

Nun wird in der christlichen Geistesgeschichte gelehrt, dass Christus, der Gottessohn, also ein hohes kosmisch-geistiges Wesen, sich in einem Menschen, in dem Jesus von Nazareth inkarnierte und somit den Schmerz, das Leid und den Tod und damit das Menschsein angenommen hat. Götter kennen ja keinen Tod. Doch Christus hat dabei nie seinen Ursprung vergessen. Immer war er verbunden mit dem göttlichen Weltengrund. Dadurch konnte er aber erneut ein Brücke bauen vom gefallenen, vom verlorenen Menschensohn zum Gottessohn, auf der in der Folge jeder Mensch einen erneuten Zugang zu seinem geistigen Ursprung finden kann.

Eine Wiederverbindung mit dem göttlichen Vatergrund, eine Religio, eine Erinnerung an den geistigen Ursprung beziehungsweise mit dem Geist des Himmels kann so erworben werden und damit eine Verwandlung und Erneuerung des Menschen von Innen her. Diese Transformation beziehungsweise Erweiterung unserer allzu irdischen Sichtweisen wird aber nur möglich, wenn wir die Flüche, wenn wir das Leid, die Mühen und den Tod bejahen. So wie auch die Raupe ihren Tod beziehungsweise ihr Vergehen natürlicherseits bejahen muss.

Christus lehrt kein irdisches Glück, obwohl er dieses durchaus bejaht. Er verweist in seinen neun Seligpreisungen auf ein himmlisches Glück, das aber nicht so einfach zu erringen ist. So wie es auch nicht ganz einfach ist, von der Raupe zum Schmetterling hinzugelangen.

Ein dauerhaftes irdisches Glück ist daher eine Illusion; wer nur das Paradies auf Erden will, verstärkt das Leiden noch mehr, vielleicht zunächst nicht für ihn selbst, aber auf die Schwachen und Hungernden dieser Welt hat ein einseitiges: Mir soll es nur gut gehen, sicherlich eine Auswirkung.

Man will ja heute fit sein und seine Gesundheit optimieren, durch chemische Mittel und technische Hilfen ist dies auch bis zu einem gewissen Grad möglich geworden. Und man will sich die Mühen ersparen und lässt gerne andere für sich schaffen beziehungsweise soll die Maschinenwelt die Arbeit wegnehmen. Und den Tod verdrängt man gerne aus seinem Bewusstsein. Durch vielfältige Sterbehilfen, Medikamentenverordungen und einer selbstgewählten Sterbezeit soll dem Tod der Schrecken genommen werden. Ja, vieles kann man heute schon erreichen und von einem materialistischen Standpunkt aus gesehen ist dies auch folgerichtig. Nur vergisst man auch hier die geistige Seite, das karmische Gesetz, nach dem wir ernten, was wir gesät haben. Und wenn wir Flucht, Angst, Bequemlichkeit und Unwissenheit säen, wird nichts Berühmtes daraus hervorgehen können, zumindest nicht in der jenseitigen Welt.

Dem Materialismus steht als Pol ein Spiritualismus gegenüber. Daran kommt niemand vorbei. Pole neigen jedoch immer zu Einseitigkeiten. Ein einseitiger Materialismus ist wie ein einseitiger Spiritualismus auf Dauer gesehen krankmachend und falsch.

Schließlich geht es um eine Synthese, die erst die Einseitigkeiten annehmen, erhöhen und damit überwinden kann. Es gilt also, die Materie wie auch den Geist gleichermaßen anzunehmen. Wir suchen das Glück nicht nur in einem fernen „Nirvana", aber auch nicht nur im Irdischen. Letztlich geht es darum, dass wir das Geistige im Irdischen und damit auch in der Materie sehen und erkennen lernen. Denn wie schon Rudolf Steiner in einem Wahrspruch sagte:

„Suchet das wirklich praktische Leben, aber suchet es so, dass es euch nicht betäubt über den Geist, der in ihm wirksam ist. Suchet den Geist, aber suchet ihn nicht in übersinnlicher Wollust, aus übersinnlichem Egoismus, sondern suchet ihn, weil ihr ihn selbstlos im praktischen Leben, in der materiellen Welt anwenden wollt. Wendet an den alten Grundsatz:

Geist ist niemals ohne Materie, Materie niemals ohne Geist – in der Art, dass ihr sagt: Wir wollen alles Materielle im Lichte des Geistes tun, und wir wollen das Licht des Geistes so suchen, dass es uns Wärme entwickelt für unser praktisches Tun".

Schon ein recht hoher Anspruch, wenn man dies immer umsetzen will. Doch zahlreiche Hilfen sind uns mitgegeben, wenn man diesen Weg einschlagen will.

Gesundheit, ein langes Leben und viel Glück dürfen wir auch weiterhin von Herzen gerne unseren Mitmenschen wünschen. Doch gefunden werden diese Möglichkeiten am Besten, wenn wir das irdische Leben mit lebendigem und heilendem Geist durchdringen und damit erhöhen. Jedoch, Niedergänge, Schmerzen, Krankheiten und Mühen gehören dazu. An ihnen können wir lernen und Kräfte erwerben, die uns wieder mit dem Geist versöhnen, so wie dies einige Seligpreisungen verkünden, zum Beispiel in der folgenden Auswahl:

„Selig die Bettler um Geist, in sich selber finden sie das Reich der Himmel;

Selig, die das Erdenleid tragen, in sich selber finden sie den Geistestrost;

Selig, die hungern und dürsten nach dem Sein des Guten,
ihr eigenes Tun wird ihren Hunger stillen;
Selig, die den Frieden in die Welt bringen, sie werden
Söhne Gottes genannt werden;
Selig, die Verfolgung erleiden, weil sie dem höheren
Leben dienen, das Reich der Himmel ist in ihnen ..."
Dies sind einige Verheisungen, die das irdische mit dem
himmlischen Leben versöhnen wollen. Christus ist in
seinen drei Jahren als Mensch dafür das große Vorbild, er
ist der Weg, der bis dahin führte, dass er seinen menschlichen Leib und seine Seele so mit Geist durchdrang, dass
daraus ein ganz neuer Leib, der Auferstehungsleib, der
sogenannte „Auferstandene" sich herausgebildet hat
beziehungsweise der dann als eine Art Keim für einen
zukünftigen, für einen neuen Menschen dienlich ist. Dies
ist des Menschen guter, heilsamer und gesunder Weg.
Technische Hilfsmittel mögen in manchen Fällen diesen
Weg begleiten. Entscheidend wird aber sein, dass wir das
Irdische nach geistigen Werten und Gesetzen gestalten
lernen und dies nicht nur im Persönlichen, sondern vor
allem auch in einem gesellschaftlichen Kontext, so wie ich
dies in den vorigen Abschnitten angerissen habe.
Doch viel ist hier noch zu tun. Zahlreiche Mühen und
Schmerzen warten noch auf uns, viele kleine „Tode" müssen wir noch sterben, bis wir unsere egoistischen Motive
und Begehrungen überwunden haben werden. Dann erst
kann es zu neuen und gesunden Gestaltungen in den Bereichen Bildung und Medien, in der Politik, in der Landwirtschaft, in der Medizin und Pharmazie, bei der Roh-
stoff- und Energie-Gewinnung und vor allem im Geldwesen kommen. Denn vor allem an das Geld kann sich der
menschliche Egoismus anhaften und dadurch gemästet

werden.

Geld ist geronnerer Geist. Es stammt als Idee aus dem Geistesleben, wird als Zahlungsmittel in der Sphäre des Rechts vereinbart und dient der Wirtschaft als Leih- und Kaufgeld. Erst aber, wenn es in freien Stücken, also als Schenkgeld wieder in das Kultur- und Geistesleben, in die Bildung und damit zur individuellen Fähigkeiten-Entwicklung zurückfließen kann, wird ein Kreislauf geschlossen, in dem alle Bereiche eines sozialen Organismus mit „Energie", mit „Blut", mit Geld versorgt werden können.

Diese Zusammenhänge und Kreisläufe zu erkennen, ist unabdingbar für einen Wandel des Bewusstseins und damit für einen zukünftigen Wandel der Gesellschaft, an dem längerfristig gesehen niemand vorbeikommen kann, wenn er nicht zugrunde gehen will. Nur bereit sein für diesen Wandel müssen wir, erst im Inneren, mit unseren einseitigen Standpunkten und Egoismen und dann im Äußeren, wenn der menschliche Geist sich an die kosmischen Gesetze und ideellen Werte des Geistes hält und sich von diesen befruchten lässt.

Eine Revolution des Bewusstseins im menschlichen Geist bringt die Evolution der Gesellschaft, der ganzen Menschheit und damit auch der natürlichen Erde voran. In diesem Sinne wünsche ich uns allen viel Geist, von dem Geist, der schon immer mit der Menschheits-Entwicklung verbunden ist und der sie bis ans Ende als das große „Alpha und Omega" begleiten wird.

Vom Einzelwesen zur All-Verbundenheit - Entwicklungsmöglichkeiten

Vielerorts machen sich in der Gesellschaft Ohnmacht, Angst, Enttäuschung, Frustration und Wut breit, was sich immer öfter auch in kriminellen Gewalttaten und einem Anwachsen populistischer und rechtskonservativer Parteien äußert. Flüchtlingsheime brennen, Wohnungseinbrüche und Raubüberfälle nehmen zu, Fahrerflucht, Behinderung der Rettunseinsätze durch Gaffer, Aggressionen und Beleidigungen, vor allem auch im Internet, es scheint, als verliert die Gesellschaft die guten Werte und Sitten. Der Egoismus nimmt zu, Steuerflucht, Betrug, die Gier nach Geld treibt unzählige „Blüten" hervor und das wird sich die nächsten Jahre noch steigern müssen. Die Tore zur Unterwelt gehen immer weiter auf und wer sich nicht wappnet und stark ist, wird leicht von dämonischen Kräften und Energien mitgerissen.

Die Gefahr der individuellen Freiheit ist es eben, dass sich das Menschen-Ich im Egoismus verlieren kann. Und doch will in unseren Breitengraden wohl niemand mehr auf die Einzigartigkeit und Einmaligkeit seines menschlichen Wesens, also auf die persönliche Selbstbestimmung und Unabhängigkeit verzichten wollen. Das freie Ich, das individuelle Wesen kann sich in sich selbst verhärten oder es kann ein Teil einer Gruppe, einer Gemeinschaft sein.

Ein Zusammengehörigkeitsgefühl kann sich durch die Rasse, die Nation, die Sprache und Kultur, durch die Sippe und die Familie, wie auch durch Interessensgruppen ergeben, so wie dies im Sport zu sehen ist. Somit steht der Einzelne immer im Verhältnis zu einer Gemeinschaft. Wie dieses Verhältnis nun gebildet wird, das entscheidet, wie frei sich der Einzelne darin bewegen kann.

In den Gruppen offenbart sich oftmals noch ein gewisser Herdentrieb bis hin zum Gruppenzwang. Man trägt ähnliche Kleidung (Trachten), man pflegt Bräuche und Verhaltensweisen, um dazu gehören zu können. Die Gruppe verbindet und schafft Gemeinschaft, der Einzelne fühlt sich darin geborgen und getragen.

So gibt es auch noch viele Länder, in denen das Wir-Gefühl sehr viel stärker ist als das Einzel-Ich und das Selbst-Empfinden. Sogar in manchen spirituellen und religiösen Strömungen wird die Ich-Fixierung als Ursache für die Trennung von dem großen Ganzen, von der Welt der Einheit angesehen, die erst wieder gefunden werden kann, wenn diese Fixierung auf sich selbst aufgelöst worden ist.

Jedoch ist im Westen dieser Individuationsprozess meistens schon so weit fortgeschritten, dass es fast nicht mehr möglich ist, davon Abstand zu nehmen. Ja, man fühlt sich in seinem Ich sogar in seinem Zentrum, in seiner Mitte, von wo aus das seelische und äußere Leben geordnet und gestaltet werden kann. In diesem Ich, das ich in mir selbst erkenne, bin ich nämlich frei, mich für dieses oder jenes zu entscheiden – und dies hoffentlich aus Erkenntnis und Weisheit, nicht so sehr aus triebhaften oder leidenschaftlichen Begehrungen oder den Bedrängnissen der Außenwelt.

Wenn man sich nur als Teil einer Gruppe versteht, die über den Einzelnen wacht und bestimmt, fehlt natürlich etwas ganz Zentrales. In der Pubertät muss sich der Jugendliche von den Vorgaben des Elternhauses lösen, um sein eigenes Leben, um sich selbst finden zu können. Frustrationen und Hass auf andere entstehen gerade dann, wenn sich der

Einzelne nur als Teil einer Gruppe empfindet und sich noch nicht selbst gefunden hat.

Gewiss, es ist nicht einfach, sich als Einzelwesen zu entdecken, denn damit sind Einsamkeitserlebnisse, Zweifel und eine suchende Haltung verbunden, aber auch die Notwendigkeit, für sich selbst die Verantwortung übernehmen zu wollen. Dies ist der Preis der Freiheit.

Wenn man von gewissen Interessen und Neigungen einmal absieht oder von Strukturen und Bindungen aus der Vergangenheit, was bleibt dann, was verbindet den Einzelnen noch mit dem Ganzen?

Wenn alle Unterschiede wie Rasse, Nation, Geschlecht, Alter und so weiter wegfallen, bleibt zuletzt der Mensch, das Menschheitliche übrig. Und worin zeigt sich dies am deutlichsten?

Wir müssen alle sterben, uns mühen und manchmal auch leiden. Für dieses Menschheitliche müssen wir einen Blick gewinnen, nicht nur für das Nationale und Gruppenhafte. Die Menschheit als Ganzes ist das Verbindende für jedes Einzelwesen. Obwohl dies recht einfach klingt, ist es doch schwer, diesen abstrakten Gedanken umzusetzen. Allein schon die Tatsache, dass es internationale Vereinigungen wie die UNO immer noch sehr schwer haben, sich ein rechtes Gehör zu verschaffen, zeigt, wie stark noch die gruppenhaften Verbände, das Völkische und das Nationalistische wirken. Vom Prinzip der freien Individualität, das über dem Völkischen und Nationalen steht, ist man leider noch ein gutes Stück entfernt. Immer noch bestimmen völkische beziehungsweise staatliche Interessen über viele Einzelschicksale, wie momentan in Katalonien zu sehen ist. Das Selbstbestimmungsrecht der Völker wird meistens noch höher eingestuft als das Selbstbestimmungsrecht des

Individuums. Dies entspricht aber nicht mehr den Werten und Idealen der Zeit.

Der Mensch soll und kann sich als Mensch erkennen, als Bruder und Schwester in einer großen Menschheitsfamilie – dahin muss die weitere Entwicklung gehen. Das Begrenzende, das Völkische und Nationale muss daher mit der Zeit erweitert und irgendwann überwunden werden, das ist Menschheits-Auftrag und Menschheits-Ziel. Damit soll aber nicht gesagt sein, dass das Völkische und Nationale, dass kulturelle Verschiedenheiten verworfen werden sollen. Sie haben noch lange ihren Wert und ihre Aufgabe, aber darüber steht der Geist des Menschlichen, des Menschheitlichen, der sich im Individuellen zeigt, wenn sich der Einzelne in den universellen Werten des Menschlichen, also im Gesamten gefunden hat.

So kommt das Zentrum, das einzelne Ich und der Umkreis, das Gesamte erst zusammen. Dies ist der sogenannte Sonnenweg, der Individuationsweg des Menschen; Zentrum und Umkreis werden dabei eins. Volkskulturen sind folglich nur Etappen auf diesem Weg dorthin. Das sollten wir bei all ihrer Wertschätzung und Achtung immer auch noch im Bewusstsein haben.

Andererseits wäre ein heute zunehmendes Vermischen, ein kulureller „Mischmasch" vieler verschiedenartiger Völker der geistige Tod eines Landes, da mit dem Völkischen auch immer noch eine bestimmte Aufgabe und Bewusstseins-Entwicklung verbunden ist. Gerade im Geistesleben, also auch im Religiösen, soll es keine Verwässerungen, Relativierungen geben, nur um einen gutgemeinten sozialen Frieden fördern zu können.

Im Zusammenleben der Menschen, im Zwischenmenschlichen muss es dagegen Kompromisse geben, wo jeder von seinen Prinzipien und Standpunkten abweichen muss, wenn es nicht zu Parallelgesellschaften im Lande kommen soll. Im Geistigen soll jedoch ein Verbindendes, eine Synthese gefunden werden, die eine höhere Ebene darstellt, worin sich alle unterschiedlichen Kulturen und Religionen wiederfinden können, so wie dies ein Hans Küng mit seiner Initiative einer Weltethik versucht hat. Eine Weltgeistigkeit, eine menschheitliche Weltkultur erhöht und umfasst alle Völkerkulturen. Dahin kann unser weiteres Streben gehen, nicht aber in ein kulturelles „Einerlei", das von allem etwas herausnimmt und einen „Mischmasch" erzeugt, der nichts Halbes und nichts Ganzes ist.

Wenn man verschiedene Farben mischt, erhält man zuletzt nur noch ein Braun; wenn man verschiedene Farben nebeneinander stehen lässt, erscheint eine bunte Vielfalt, die zunächst sehr reizvoll sein kann, woran sich aber auch manche stoßen können, wenn keine Kompromisse in der Art des Zusammenlebens gefunden werden. Wenn sich aber gegensätzliche Farben, lichthafte und zum Dunklen neigende Farben, nicht mehr nur als Gegensätze sehen, sondern als Polaritäten, die sich in eine höhere Ebene steigern können, erscheint auf dem Farbentableau ein Purpur, das alle Farben überhöht, so wie dies Goethe in seiner Farbenlehre herausgearbeitet hat.

Das Mondenhafte zeigt sich polar zum Individuellen beziehungsweise zum Sonnenhaften und diwa vor allem in der Abstammung und Vererbung, letztlich im „Blut und Boden". Mondenkräfte offenbaren das Gattungswesen, Sonnenkräfte das Individuelle, Einmalige und Freie. Die Polarität von Sonne und Mond im Kosmos offenbart also das Verhältnis von Individualität und Gemeinschaft.

Wir kommen alle aus dem Mondenhaften, durch Geburt und Abstammung und entwickeln uns im Laufe des Lebens immer stärker hin zu einer sonnenhaften, sich selbst bestimmenden Persönlichkeit. Die zukünftige Gemeinschaft ist aber nicht mehr die aus Abstammung, sie muss frei gewählt und erkannt sein aus dem Menschsein selbst. Ich fühle mich als mündiges Einzelwesen, aber zugleich auch als ein Glied der ganzen Menschheit.

Was aber ist die Menschheit, nicht als ein abstrakter Begriff, sonder als Realität? Kann ich die Menschheit annehmen, so wie sie ist und nimmt mich die Menschheit als Einzelwesen an?

Nun, die Menschheit als Ganzes erkennen und annehmen zu wollen, bedingt natürlich auch, dass wir ihre Abgründe und die Aufgaben sehen, die sich der Menschheit als Ganzes stellen. Da erscheinen zunächst viele Probleme und Krankheiten, wie der weltweite Hunger, die Verschmutzung der Meere und vieles mehr, die nur noch im Ganzen, nicht mehr durch „Kleinstaaterei" gelöst werden können. Daraus erwächst aber eine soziale Aufgabe und Berufung für jeden Einzelnen: nämlich den Menschen und die Erde heilen und weiterentwickeln zu lernen. Jeder Einzelne ist somit verantwortlich, nicht nur für sich und die seinen, sondern für das große Ganze ein Bewusstsein zu bilden und sich für dieses Ganze einzusetzen. Dadurch erst kommt die Polarität Ich und Gemeinschaft zusammen, denn wenn man das Ganze ändern will, muss man zunächst einmal bei sich selbst anfangen.

Dazu braucht es ein neues Denken und Fühlen beziehungsweise ein neues Bewusstsein, das nicht mehr ausgrenzt und aburteilt, sondern das sich viel eher im Integrieren übt, dabei sich aber nicht überfordern darf, in dem es alles, das Gute und das Schlechte, nur in sich hereinlassen und aufnehmen will. Ein Idealismus, der nur gut sein will mit allzu offenen Grenzen, der sich also nicht mehr selbst schützen kann, genügt hier eben noch nicht.

Der Herzraum im Menschen, die innere Sonne will auch geschützt sein. Da braucht es auch ein Begrenzendes, das Feinde abwehren kann.

Ein innerer Drache, das sind die Kräfte der Extreme und Ungleichheiten, dieser Drache will die Seele aus dem Gleichgewicht bringen, aus der Mitte, aus dem „Ich-Stand" vertreiben. Dogmen oder Leidenschaften, Negativitäten, Frustrationen oder Illusionen sollen die Oberhand gewinnen. Die Mitte, die Herzräume zu stärken, geht aber nur im Zusammenklang beziehungsweise in der Einheit mit dem Umkreis. Und deshalb ist es so wichtig, aus dem Umkreis, aus dem Ganzen heraus denken zu lernen; nicht nur der persönliche Standpunkt ist entscheidend.

Was will das Ganze, wohin soll sich die Menschheit hinentwickeln? Nicht mehr nur persönliche Empfindungen, Wünsche, Ängste und Einstellungen sollen zur einzigen Richtschnur unseres Handelns werden. Ein höherer Wille, ein Menschheits-Wille soll, kann und darf unser Herz befeuern. Darin zeigt sich ein michaelischer Geist.

Michael, ein hohes geistiges Wesen aus der Sonnensphäre des Alls ist der Zeitgeist, der die Geschicke der Menschheit in unserer Zeit leitet. Den brauchen wir, um den Drachenkräften, den Schattenkräften in uns und in der Welt, etwas entgegensetzen zu können, die zukünftig noch viel stärker an uns herantreten werden. Und dies nicht nur im Polititschen in den Extremen des Weltgeschehens, sondern auch im eigenen Seelenleben.

Der Drache will spalten, anklagen, verleumden, ausgrenzen, beleidigen und verhärten. Diesen können wir nicht besiegen, aber auch nicht verdrängen oder schön reden. Das rechte Maß, die Mitte ist immer wieder neu zu erringen.

Der Erzengel Michael hält auf vielen Bildern eine Waage, auf manchen ein Schwert oder einen Speer, mit dem er den Drachen in Schach hält. Erkenntnismut und geistige Klarheit (das Schwert) ist gefragt. Die Waage steht für Diplomatie und Ausgleich, fürs Zuhören und Gewahrwerden. Und der Speer Michaels deutet hin auf den Weltenwillen, den Michael im Bereich der irdischen Notwendigkeiten verkörpert.

In der Gemeinschaft Gleichgesinnter beziehungsweise auch mit den geistigen Wesen des Guten und Fortschreitenden, ist der Einzelne nicht schwach und auch nicht allein. Das sollten wir nicht vergessen. Denn langfristig gesehen hat das Gute immer wieder „die Nase vorn", wenn es auch zeitweise vielleicht gar nicht so aussehen mag. Das Gute, Wahre und Schöne trägt die Menschheit immer wieder zu neuen Etappen und durch zahlreiche Hindernisse und Konflikte hindurch.

Mögen die Prüfungen und Versäumnisse auch recht schwer und abgründig sein, die göttliche Hilfe und Gnade führt uns nach durchlaufener und durchstandener Krise immer wieder in eine neue Sicht, in neue Möglichkeiten, die uns persönlich, menschlich und menschheitlich reifen und wachsen lassen. Dies macht Sinn und führt uns wahrhaft voran.

Ausblick

Nur in einem neuen, in einem geistdurchtränkten Bewusstsein kann die Gesellschaft erneuert werden. Dann kann auch das Geldwesen wieder aus den Niederungen der Habgier und der Macht befreit werden und aus dem Bereich heraus impulsieren, aus dem es ursprünglich entstanden ist. Geld ist geronnener Geist, das heißt, dass die Idee des Geldes aus einer geistigen Einsicht und Notwendigkeit entstammt.

In ähnlicher Weise kann so mit allen irdischen Werten verfahren werden, mit dem Grund und Boden, mit Rohstoffen, mit Energiequellen und dem Besitz im allgemeinen. Wir sollen eben nicht an irdischen Besitztümern klammern und haften, nur verwalten, gebrauchen und pflegen dürfen wir sie, damit sie auch noch unseren Nachkommen zu deren Freude und nützlichem Gebrauch dienlich sein können.

Doch wie können wir uns mit dem lebendigen Geist verbinden, so dass er stärker und klarer in uns wird als die Begehrungen der niederen Triebe es sind?

Märchen, Mythen, Sagen und Legenden sind Ausflüsse beziehungsweise bildhafte Darstellungen von geistigen Wirklichkeiten und Gesetzen. Nicht nur in der Naturwissenschaft ist unser Heil. Die physischen Gesetze zu erforschen ist wichtig, um das irdische Leben verbessern zu können. Geistige Gesetze zu erkennen, also eine Geisteswissenschaft zu entwickeln, um letztlich auch das seelische Leben in Ordnung bringen zu können, ist eine Grundforderung unserer Zeit. Eine universale Menschlichkeit ist darin zu finden, die einen wirklichen Ausweg aus den Problemen der heutigen Zeit darbieten kann, nicht aber die Fixierung auf einen Transhumanismus oder auf eine übergroße Technisierung, die den Menschen mehr und mehr „verbessern" oder gar ersetzen soll.

Fehler und Unvollkommenheiten sind wichtig, denn daraus lernen wir. Mensch _ist_ man nicht, Mensch _wird_ man und dies am Besten, wenn man lernfähig ist und bleibt.

Im Sozialen, im Zwischenmenschlichen wird man nie fertig sein, auch nicht in demokratischen Prozessen. Der Mensch ohne Entwicklung, ohne ein Werdendes, quasi der perfekte Mensch, der sogenannte „Homunculus" beziehungsweise der Retorten-Mensch ist ein Unding, denn er entspringt letztlich einem Wunsch, hinter dem ein Machttrieb wirkt: Ich will der Beste sein, über allen Problemen und Abgründen erhöht. So wird man aber selbst zum Problem, zum Abgrund, vor dem die Menschheit heute teilweise schon steht und in den schon einige hineingefallen sind, eben die, die sich ganz den technischen Machenschaften und Automatisierungen ausgeliefert haben. Man braucht dazu nur einige ernstgemeinte Pläne aus dem Silicon Valley anschauen, um zu sehen, was da noch auf uns zukommen will.

Jedoch, das sind schließlich die Prüfungen, vor die die heutige Menschheit in nächster Zeit gestellt sein wird. Diese lassen sich in letzter Konsequenz in folgenden Worten zusammenfassen: Entweder dem lebendigen Geist sich zuwenden, der sich in sozialen und ökologischen Umkehrungen und Erneuerungen ausspricht oder dem Geist der toten, kalten und künstlichen Intelligenz. Wir haben die Wahl.

Nur muss man diese Polarität auch nicht wieder nur als einen Dualismus auffassen. Auch hier gilt es letztlich eine

Synthese zu finden. Der Geist der Materie und des Toten soll dem lebendigen Geist dienen. Die Technik soll das Menschliche fördern und es nicht ersetzen wollen. Dann trägt sie auch zum Guten bei.

Im Jahre 1918 erschien Rudolf Steiners Grundlagenwerk zur sozialen Dreigliederung: Die Kernpunkte der sozialen Frage. Nach dem ersten Weltkrieg war in den mitteleuropäischen Ländern eine Art freier Raum entstanden für eine Neu-Strukturierung der Gesellschaft. 1920 gab es eine Volksabstimmung in Ober-Schlesien, ob die Dreigliederung des sozialen Organismus eingeführt werden sollte, wo dieser Impuls aber knapp scheiterte. Das republikanische Prinzip setzte sich durch mit allen Folgen, die wir aus der Geschichte kennen. 1922 war die Dreigliederungs-Bewegung weitestgehend gescheitert, so wie auch Rudolf Steiners Bau des ersten Goetheanums in Flammen aufging, obwohl Steiner sehr viel Energie und Kraft dafür aufgewendet hatte. Ein großer und mächtiger Geistes-Impuls wurde dadurch zerstört, auch weil einige Schüler und Mitarbeiter nicht genügend gewappnet waren, um die gegnerischen Angriffe abwehren zu können, die bei solchen Unternehmungen immer hereinwirken wollen. Doch Rudolf Steiner gab nicht auf. Mit der sogenannten Weihnachtstagung 1923/24 schaffte er mit letzten Kräften einen Neu-Beginn und zwar derart, dass eine irdische Organisation und Institution, also die anthroposophische Gesellschaft, ganz geistdurchdrungen strukturiert und damit neugestaltet wurde. Nach Steiners Tod 1925 war auch dieser Impuls durch Streit und Unverständnis zwischen einigen Schülern bald zunichte gemacht.

Hundert Jaher später, also in heutiger Zeit, können diese damaligen Impulse und Machenschaften noch einmal aktuell werden. Eine Idee muss sterben, damit sie in der Welt neugeboren werden kann. Noch ist etwas Zeit, um ein Ringen um die besten Gedanken und Ideen für eine sozialere Welt durchführen zu können. Die Kräfte, die mit einer „Schein-Demokratie", mit Wohlstand, Konsum und Bequemlichkeiten viele Menschen verführen, sind immer noch sehr stark. Aber ihr „Haus" wackelt. Zu viele Probleme und Abgründe tun sich auf, die mit einem „alten Denken" nicht mehr gelöst werden können.

Kosmologisch betrachtet hat unsere heutige Zeit einen richtenden Charakter. Fehler und Einseitigkeiten können nicht mehr länger unter „den Teppich gekehrt werden". Alles kommt zum Vorschein. Bis zu den Jahren 2023/24 wird sich dies noch steigern (Pluto im Steinbock), wobei im Jahr 2020 eine Art „Tiefpunkt" erreicht wird, wie er in ähnlicher Weise 1933 am Firmament und dann auch im Realen erschienen ist.

Wir sollten uns also gut wappnen, denn die Kräfte und Mächte, die da zum Vorschein kommen können, mit denen ist nicht zu spaßen. Sie wollen die Menschheit „gleichschalten, automatisieren und versklaven".

Ab dem Jahre 2024 wandert Pluto in das Tierkreiszeichen Wassermann, wo dann vermehrt Wassermann-Impulse, also die Ideale der Freiheit, Gleichheit und Geschwisterlichkeit zum Tragen kommen können. Bis dahin sollten die Ideen und Gedanken der sozialen Dreigliederung im öffentlichen Bewusstsein bewegt werden, denn sonst können sie niemals Wirklichkeit werden. Jedoch können diese Ideale und Bestrebungen auch ins Gegenteil verkehrt werden, was zu großen Katastrophen führen müsste.

So ist es mein Anliegen mit dieser hier vorliegenden Schrift, dem Ansinnen der Dreigliederung des sozialen

Organismus ein Stück weit dienlich sein zu können. Mir ist dabei durchaus bewusst, dass ich aus der Fülle von Steiners Dreigliederungs-Werk nur einen sehr bescheidenen kleinen Teil hier darlegen konnte. Mein Bestreben ist es vor allem, die geistigen Grundlagen zum Erkennen und Verstehen der Dreigliederungs-Idee darzustellen. Die fachliche und strukturelle Ausarbeitung muss ich den Menschen überlassen, die einen offenen Geist und ein offenes Herz haben, aber auch eine Sachkenntnis, um diesen Ansatz in reale und lebenstaugliche Strukturen umzusetzen, wo also Menschen aus dem Kultur- und Geistesleben, wie auch aus dem Rechts- und Wirtschaftsleben ihre jeweiligen Bereiche so gestalten lernen, dass diese dem Wohl des Ganzen, nach geistigen Prinzipien und Gesetzen, dienlich sein können.

Das Prinzip der Dreigliederung ist universal, muss also nicht auf staatliche oder nationale Einrichtungen beschränkt werden. Ein demokratisches Weltparlament beziehungsweise die politische und rechtliche Gestaltung des globalen Lebens, die immer dringlicher wird und der Menschheit eine neue Vision, ein neues Ziel verleiht, kann ebenso nach den Erkenntnissen aus der sozialen Dreigliederung gehandhabt werden, wie zum Beispiel auch das Zusammenleben im Kleinen, in der Familie, in Gemeinschaften, in Institutionen und Konzernen. Überall gibt es ein geistiges Leben, eine Rechtsphäre und einen Ort, wo es um menschliche Bedürfnisse geht.

In diesem Sinne wünsche ich der ganzen Dreigliederungs-Bewegung einen guten Neu-Anfang und ein gutes Gelingen. Noch ist Zeit, noch ist nichts entschieden. Die Zukunft wartet auf den Menschen, der sich mit ihr in guter Absicht und guter Gesinnung verbinden will.

Nachwort

Ein ganz zentrales Hindernis für ein wirklich soziales Miteinander sind die einzelnen geistig-fixen Standpunkte beziehungsweise die verschiedenen Weltanschauungen, die wir Menschen oftmals noch sehr dogmatisch verstehen und vertreten. Wenn man in nur einer Weltanschauung, zum Beispiel im Materialismus oder im Psychismus, im Rationalismus oder im Spiritualismus und damit mit einer bestimmten, begrenzten Sicht-Weise das Sein betrachten will, darin festhängt und alles andere negiert oder unbeachtet lässt, bleibt man in einer Enge, im Getrennten stecken, wenn vielleicht auch viele andere Menschen diese Einstellung teilen mögen.

Es gibt eben nicht nur eine Weltanschauung beziehungsweise einen Standpunkt, um die Welt sehen und verstehen zu können. Insgesamt sind es nach Rudolf Steiners Aussage zwölf Weltanschauungen, einem kosmischen Gesetz folgend. Mit diesen Erweiterungen hat man erst eine Überschau über die Gesamtheit der Welt. Diese Gesamtschau führt aber nicht nur zu neuen Erkenntnissen, sondern vor allem auch zu einem tiefen Glauben, der erstarrende Denkweisen und einengende Glaubenshaltungen befreien und erlösen kann.

Diese zwölf Standpunkte und Anschauungen sollten zukünftig vermehrt ins Bewusstsein treten können. Sie im Einzelnen hier ausführen zu wollen, würde jedoch den hier gesetzten Rahmen sprengen. Ich verweise daher auf Rudolf Steiners philosophische Schriften, insbesondere auf die Schrift: Der menschliche und der kosmische Gedanke – oder auf meine Schrift: Aufbruch zur

Dimension der Tiefe – Praktische Hilfen für das Leben in der sozialen Welt.

Rudolf Steiner war beruflicherseits ein promovierter Doktor der Philosophie. Leider wird er bis heute in philosophischen Fakultäten und in den meisten Medien totgeschwiegen. Gewiss, an Goethe kommt man kulturell gesehen nicht vorbei; an Rudolf Steiner meint man, dies zu können, auch weil er in spirituelle Bereiche eindringen konnte, die vielen Menschen noch verwehrt sind. Aber dieses Ignorieren wäre ein großer Fehler, denn man übergeht dabei wichtige Errungenschaften und Erkenntnisse, wie eben auch den Impuls der sozialen Dreigliederung. Wenn aber eine Gesellschaft einen so großen Geist nicht anerkennt oder vergisst, hat das natürlich auch bestimmte Konsequenzen, was zum Beispiel den Fortgang der Kultur und damit auch ihrer Kraft und Stärke betrifft.

Das Prinzip der sozialen Dreigliedrung ist aber keine von Rudolf Steiner selbstentworfene Idee, denn dieses Prinzip waltet im ganzen Sein, im Kosmos, im Menschen und auf der Erde. Auch wenn die ursprüngliche kosmische Dreiheit, wenn die geistigen Qualitäten des sogenannten Vater-, Sohn- und Geistprinzips sich auf der Erde in eine Vierheit hinein erweitern wollen. Dieses vierte Prinzip ist der Mensch selbst beziehungsweise dessen Persönlichkeit, die allmählich sich ausbilden soll. Und dies geschieht am Besten, in dem der Mensch die kosmische Dreiheit in sich verwirklichen will und kann. Die menschliche Persönlichkeit kann somit auch zum Träger und Verwirklicher des kosmischen Trinitätsprinzip auf der Erde heranreifen.

Nicht nur ein Persönlichkeitsbild ist daher gefragt, das sich einseitig an äußeren Dingen und Status-Symbolen aufbaut, sondern das sein geistiges Zentrum in sich selbst

finden kann. Diesen Weg als einen spirituell gangbaren
Pfad zu beschreiben, der nichts Irdisches negieren oder
unterdrücken muss, ist Rudolf Steiners großer Verdienst.
Er war eben ein sehr weit fortgeschrittener, erleuchteter
Mensch und ein großer Philosoph, Reformer, Weiser und
Eingeweihter. Ihn sollten wir keinsfalls vergessen, denn
solche Menschen sind wie Leuchttürme in dunkler Zeit.
Dazu braucht man auch kein „Anthroposoph" werden.
Das Menschliche beziehungsweise der Mensch steht über
dem „Spezialisten", auf welchem Gebiet auch immer. Und
so sollten wir lernen, vom Gesamten, vom Großen, vom
Umfassenden, vom Menschlichen her zu denken. Heute
denkt man man oftmals die Welt vom Kleinen, vom
Einzelnen, vom „Atom", von der Zelle her und versucht,
sie damit zu erklären. Das zusammenhängende, alldurch-
dringende Prinzip, das Ganze und Übergeordnete sieht
man dadurch meistens leider nicht.
Ein Mensch, der sich zum Beispiel als ein Europäer fühlt
beziehungsweise auch die Europäische Union als größere
Einheit betrachtet und anerkennt, umfasst kulturell gesehen die Mitgliedsländer und Nationalstaaten und erhöht
beziehungsweise befreit diese damit ein Stück weit aus
ihrem Einzel- und Getrenntsein. Der Nationalstaat wiederum vereinigt in sich einzelne Landesgruppen und Regio-
nen. Die Regionalparlamente bringen die einzelnen Gemeinden miteinander in Verbindung und die Gemeinden
versorgen einzelne Familien und Haushalte mit den
nötigen Erfordernissen. Und die Familie sorgt sich
schließlich um die Kinder und Verwandten, also auch um
das Heranbilden eines Einzelwesens mit einer gesunden
und starken Persönlichkeit. Der einzelne Mensch schließlich, er findet sich selbst in der Familie, in der Heimat, im

Nationalen und Kulturellen und zukünftig immer stärker auch als ein Europäer. Dieser vertritt nämlich Werte, die über das Nationale und Nationalistische hinausgehen sollten. Werte des Menschlichen, der indidivuellen Freiheit, der Würde und der Güte gehen aber hin in eine allgemeinmenschliche Richtung.

Nur das Europäische in sich zu sehen, genügt dann irgendwann auch nicht mehr. Denn die heutigen Machtblöcke USA, Russland, China, Europa und eventuell noch zukünftig arabische oder indische Einflüsse können noch keinen wirklichen Menschheitsfrieden garantieren. Dieser ersteht erst, wenn der Einzelne sich im Ganzen wiederfindet, sozusagen als ein Kosmopolit, der sich immer stärker öffnet und weitet, alle gewordenen und vorgegebenen Grenzen sprengt, um sich als Bürger vieler, großer und weiter Welten erleben zu können. Dieses Große und Ganze ist zunächst einmal die Menschheit. Das Menschheitliche, das, was alle Menschen in ihrem tiefsten Kern miteinander verbindet, es kann Frieden schaffen. Denn wenn ich diesen universellen Menschheitsgeist in mir entdecke, werde ich ihn auch im Anderen, im Mitmenschen erkennen beziehungsweise diesem zustehen können. Das allgemein Menschliche, das Edle, das Gute und das Wahre führt hin zu diesem Menschheistgeist. In der menschlichen Persönlichkeit, im sogenannten Mikrokosmos Mensch soll dieser kosmische Geist, soll der Makrokosmos einmal eine „Wohnung“ finden. Dazu verhilft ihm das kulturelle Leben, wenn die Religion die Aufgabe annimmt, den Weg des Guten im Menschen zu fördern, die Kunst soll zum Schönen und damit zu einer liebevollen Haltung hinführen und die Wissenschaft zum Wahren, zum Wahrhaftigen, zu einer umfassenden Wahrheit. Und dies vor allem dadurch, dass der Mensch seine Seele weitet, hin zu Sichtweisen, die den gesamten Kosmos, die das große Sein letztlich von zwölf Seiten oder Standpunkten aus betrachten, entsprechend den zwölf Tierkreis-Qualitäten und diese damit umfassen kann.

Rudolf Steiner benannte diese zwölf Sichtweisen, Standpunkte oder Weltanschauungen, wie sie nachfolgend aufgezeigt sind. Ich ordne sie hier so an, weil sie auch als Tierkreis-Qualitäten entsprechende Polaritäten bilden, die im Menschen, in dessen Seelenleben beziehungsweise im Denken als Dualität auftreten und die dort geistig und bewuststeinsmäßig erweitert und überwunden werden sollen.

Idealismus (Widder)   - Realismus (Waage)
Rationalismus (Stier)   - Psychismus (Skropion)
Mathematismus (Zwillinge) - Dynamismus (Schütze)
Materialismus (Krebs)   - Spiritualismus (Steinbock)
Sensualismus (Löwe)   - Pneumatismus (Wassermann)
Phänomenalismus (Jungfrau) - Monadismus (Fische)

Auf die einzelnen Weltanschauungen kann ich hier, wie gesagt, nicht näher eingehen. Jedoch, alle einzelnen Standpunkte sind für sich gesehen natürlich richtig. Sie ergeben und ermöglichen aber nur einen Ausschnitt des gesamten Seins. Wenn man diesen „Einzel-Ausschnitt" nun schon als Ganzes betrachtet, irrt man sich natürlich. So zum Beispiel im Materialismus, wenn man die materielle, sinnlich-sichtbare Welt als einzige Welt beziehungsweise schon als Ganzes sehen, annehmen und erklären will. Oder im Psychismus, wenn man alle Phänomene des Lebens aus psychischen Ursachen erklären will und so mit allen anderen Standpunkten in ähnlicher Weise verfährt.

Auch ein einseitiger Monadismus, der sich nur noch um die Einheit, ums Einssein mit Allem kümmert, verliert dabei andere Bereiche des Seins, die genauso ihre Wichtigkeit haben für eine allmähliche Reifung des Menschen, der alle Werte und Seinsweisen in seiner Persönlichkeit integrieren kann und soll.

Erst das Ganze, der Zusammenklang der verschiedenen Anschauungen erzeugt ein „Bild", eine Erkenntnis und eine Überschau, die dem Wahren, dem Schönen und dem Guten gerecht werden kann und die somit von erstarrten Denkweisen befreit. Keine Abkehr vom Denken, kein Mystizismus, der sich nur in der Einheit genießen will, ist daher angesagt, wenn auch mystische Erfahrungen durchaus ihre Berechtigung haben, da sie den ausschließenden Charakter einer rationalen und naturwissenschaftlichen Denkweise erweitern können.

Eine Erweiterung beziehungsweise eine Spiritualisierung des Denkens ist eine Menschheitsaufgabe. Dadurch wird der Mensch zum Gestalter seines eigenen Seins. Durch die Kraft seiner Persönlichkeit entdeckt er im erweiterten Denken in sich eine Schöpferkraft, mit der er die Aufgaben und Belange der Welt selber gestalten und meistern lernt. Somit führt der zu sich selbst erwachte Mensch den Schöpfungswillen der natürlich geschaffenen Welt in eigener Verantwortung fort. Und wenn er dies noch im Einklang mit den kosmischen Gesetzen und Prinzipien vermag, wird ihm dereinst ein großes Werk gelungen sein. Wenn aber der Mensch gegen diesen „großen Geist" agiert, was in seiner Freiheit liegt, wird er daran beziehungsweise wird auch die Zivilisation zugrunde gehen. Beides steht und steckt in des Menschen Möglichkeit.

Doch zu allen Zeiten gab und gibt es Helfer und Wissende, die uns Menschen Impulse und Einsichten schenken, mit denen wir unsere Geschicke und Aufgaben erkennen und lenken können. Solche Helfer schöpfen eben aus der Weisheit des Alls, die uns alle befruchten will.

Diesem großen und umfassenden kosmischen Geist, der alle Weisheit und Sichtweisen in sich trägt, diesem universalen Geist sich zu nähern, war Rudolf Steiners große Mission und dann im Weiteren, dass er seine Erfahrungen und Erkenntnisse daraus, den offenen Herzen und Ohren in zeitgemäßer Form darstellen und mitteilen konnte und auch heute noch kann, wenn wir uns dafür öffnen. Dafür bin ich ihm persönlich von Herzen dankbar.

Ohne seinen Geist und ohne seine Ideen hätte diese Schrift nicht entstehen können. Ein Verständnis dieser Ideen für die soziale Frage in heutiger Zeit zu gewinnen, jedoch nicht nur für akademisch geschulte Zeitgenossen, sondern für jeden, der sich um eine gute Zukunft Gedanken und Sorgen macht, ein solches Verständnis näher bringen zu können, war und ist hier mein Anliegen. Wenn mir dies ein Stück weit gelungen sein sollte, wäre ich zufrieden, glücklich und froh.

In diesem Sinne – vielen Dank an den aufmerksamen und wohlwollenden Leser und ein gutes Anwenden und Gelingen dieser Ideen und Ideale in den Bereichen, wo jeder eben eine eigene Gestaltungsmöglichkeit finden und erproben kann.

Franz Weber, Freiburg im November 2017

Literaturverzeichnis

Rudolf Steiner: Die Kernpunkte der sozialen Frage
- Nationalökonomischer Kurs
- Der menschliche und der kosmische Gedanke
- Was ist Geld? (ausgewählte Texte von Sylvien Coiplet)
- Der Boden ist keine Ware (ausgewählt von J. Mosmann)
- Über das Grundeinkommen (Sylvian Coiplet)
Thomas Brunner: Das bedingungslose Grundeinkommen
Eckhard Behrens: verschiedene Hefte: Fragen der Freiheit
z. B. Bildungs-Gutschein; Ökologische Rohstoff-
Wirtschaft; Wieviel Inflation?
Uwe Burka: Eine zukunftsfähige Geld- und Wirtschafts-
Ordnung für Mensch und Natur
Zeitschrift: Rundbrief – Dreigliederung des sozialen
Organismus (Christoph Strawe)
Ute Scheub: Demokratie
H.G. Schweppenhäuser: Das kranke Geld
Samuel Huntington: Kampf der Kulturen
Thomas Wagner: Robokratie – Google, das Silicon Valley
und der Mensch als Auslaufmodell
Gesine Schwan: Europa geht auch solidarisch
Otto Julius Hartmann: Schicksal, Krankheit und Heilung
Manfred von Doorn: Karma als Lebenskunst
Franz Weber: Wege zum Heil – Aspekte zur Heilung von
Mensch, Erde und sozialer Welt
- Welten-Dramatik – Erkenntnishilfen in
apokalyptischer Zeit
- Europa – wohin? Auf der Suche nach einem Europa des
Friedens, der Freiheit und der sozialen Gerechtigkeit
- und weitere ... (www.Perceval-Institut.de)